Vérification des Miracles

LA SALETTE

La Possédée de Grèzes

PAR LE

Docteur ROUBY

ALGER

IMPRIMERIE TYPOGRAPHIQUE & LITHOGRAPHIQUE S. LÉON

15, Rue de Tanger, 15

1903

VÉRIFICATION DES MIRACLES

LA SALETTE

PAR LE

Docteur ROUBY

ALGER

IMPRIMERIE TYPOGRAPHIQUE & LITHOGRAPHIQUE S. LÉON

15, Rue de Tanger, 15

1903

NOTRE-DAME DE LA SALETTE

VÉRIFICATION DES MIRACLES

LA SALETTE
Par le Docteur ROUBY

I

Religion et aliénation Dans une série d'études précédentes, nous nous sommes servi de la loupe puissante qu'est la science médicale et en particulier la science aliéniste, pour examiner certains faits religieux, extraordinaires aux yeux des foules, non merveilleux aux yeux des savants.

Après avoir démêlé le vrai du faux, nous n'avons pas craint de dire hautement ce que nous croyons la vérité, ne jugeant pas utile de respecter des croyances erronées : c'est ainsi qu'après avoir raconté l'histoire de Marie Alacoque et celle de Ste-Thérèse, nous entreprenons la légende de La Salette, comme préface à celle de Lourdes : c'est ainsi, peu à peu, que nous accomplissons la tâche que nous nous sommes imposée au début et que nous espérons mener à bonne fin, débarrasser les religions catholiques ou autres des grossières superstitions et du faux merveilleux, pour permettre à quelques âmes élevées, après une révolution religieuse qui s'impose, de créer un nouveau culte privé d'hallucinations et de miracles.

Lorsque nous irons à Lourdes, ce rendez-vous du monde hystérique, nous espérons démontrer que, sauf quelques-uns qui dérivent de la fourberie, quelques autres qui dérivent de faux diagnostics, tous les miracles dérivent de la névrose.

Or, au milieu du XIXe Siècle, pendant trente années La Salette fut pour la France et le monde entier, ce qu'est Lourdes en ce moment. En lisant ce travail, on comprendra que nous nous soyons occupé tout d'abord de ce lieu de pèlerinage, bien qu'il soit passé de mode aujourd'hui ; mais ce qui eut lieu à La Salette autrefois, nous fera comprendre ce qui se passe à Lourdes aujourd'hui et ce qui arrivera de Lourdes dans un temps prochain.

En commençant l'étude de La Salette, nous cherchions la part prise dans ces événements par deux demi-malades, Mesdemoiselles de Lamerlière et Mélanie. Or, nous y avons découvert l'existence d'un mensonge si extraordinaire que nous avons trouvé intéressant de le raconter pour établir la genèse des sources miraculeuses et des lieux de pèlerinage.

Index
bibliogra-
phique

Pour établir cette étude nous avons puisé dans divers livres et dans quelques-uns, nous l'avouons, fort largement :

1° Dans ceux glorifiant La Salette, comme : Rapport sur l'apparition de la Ste-Vierge à deux petits bergers par l'abbé Rousselot ; Autres livres du même auteur ;

La Salette par l'abbé H. Girard et par l'abbé Berthier.

2° Dans les livres discutant et niant La Salette :

La Salette-Fallavaux (1re et 2me partie), par Donadieu.

La conscience d'un Prêtre et le pouvoir d'un Evêque par l'abbé Déléon ;

La Salette devant le Pape par l'abbé Cartellier, curé de Grenoble ;

L'affaire de La Salette, débats du procès Lamerlière-Déléon.

Nous avons lu aussi les articles parus de 1846 à 1856 dans le journal le *Siècle*, articles signés de Pelletan père. — Nous avons recueilli enfin des renseignements variés et nouveaux dans le pays même du miracle, renseignements qui nous ont été complétés jusqu'à ce jour par de nombreux collaborateurs que nous remercions ici.

II

Etat d'esprit des habitants des Alpes — Les Alpes Dauphinoises sont un pays privilégié pour les apparitions et les pèlerinages : de temps immémorial, car cela remonte au temps des premiers Capétiens, la ville d'Embrun a été le rendez-vous des pèlerins venant de cent lieues à la ronde, porter leur adoration et leurs offrandes à la Notre-Dame. Si depuis cinquante ans son étoile a pâli, c'est que les dévotions s'en sont allées, d'abord à la Madone du Laus près Gap, puis plus tard à la Vierge de La Salette.

D'autres chapelles moins connues, mais en nombre incalculable, s'élèvent sur les sommets et dans le fond des vallées : il manquerait quelque chose à ces honnêtes montagnards, si de temps en temps ils n'allaient en procession, derrière leurs bannières déployées, rendre visite à quelques-uns de ces sanctuaires. Ce n'est donc pas chose étonnante, si, dans ce milieu bien préparé, La Salette, dès le début, a vu la foule des pèlerins se diriger vers sa chapelle.

Mais ces habitudes inspirées par un sentiment religieux respectable ont leur côté mauvais, en ce sens qu'elles produisent des types particuliers à ces pays de pélérinage : ce sont des personnes à dévotion exagérée, à cerveau légèrement détraqué ou même frisant la folie, qui acceptent tous les récits miraculeux, non seulement bien qu'absurdes, mais parce qu'absurdes. Vivant dans ce milieu spécial comme poisson dans l'eau c'est la légion des exploiteurs, criant bien haut la foi qu'ils n'ont pas, depuis le mendiant qui tend sa sébile le long du chemin, depuis le boutiquier qui étale ses objets de piété aux abords du sanctuaire, depuis le chemineau qui offre, dans la campagne, des images de la Sainte-Vierge et des récits de miracles, jusqu'aux rebouteux hommes et femmes, qui s'attribuent des pouvoirs imaginaires de guérison donnés par la Vierge, jusqu'à certains prêtres, qui s'ingénient à fabriquer des miracles, en vue d'avoir une chapelle mieux achalandée que celle du voisin. C'est ainsi que dans l'Isère, à la Tronche, près de Grenoble, une statue de la Vierge qui avait été enlevée de sa niche pour être placée dans une autre chapelle, reprit, semblable à la statue du Commandeur dans don Juan, l'usage de ses jambes de pierre pour réintégrer son ancien domicile. L'histoire ne dit pas le nom du galant curé qui offrit son bras à la

Vierge dans cette escapade nocturne, il
suffit de savoir qu'il obtint le résultat voulu
et que ce déplacement mystérieux fut cause
d'un pèlerinage annuel, bien fréquenté et très
rémunérateur. C'est ainsi enfin que naquit à
Grenoble la colossale fourberie que nous
allons raconter et qui aurait dû conduire
ses auteurs sur des bancs de police cor-
rectionnelle.

Le pays de La Salette La Salette, village du canton de Corps,
dans l'Isère, est placée au milieu des Alpes,
non loin du massif du Pelvoux. De la route
de Grenoble à Gap, on y monte par un
chemin en pente douce, tracé le long d'un
torrent, entre deux montagnes boisées.
Lorsqu'on y arrive, le défilé s'élargit pour
former un immense cirque où sont éparpil-
lés une douzaine de hameaux, dont la réunion
forme la commune ; tout autour se dressent
de hautes montagnes dont la moitié infé-
rieure est couverte d'une végétation fores-
tière qui peu à peu s'éteint et fait place

jusqu'aux crêtes à de vertes prairies arrosées de nombreux ruisselets. En hiver tout disparaît sous le linceul blanc d'une neige interminable. C'est dans ce décor vraiment merveilleux, sur des monts dominant le village, que se passèrent, dit-on, les événements dénommés successivement « faits de La Salette », « apparition de La Salette », enfin « miracles de La Salette ».

L'apparition   Voici le récit pris dans les livres de l'abbé Rousselot : deux bergers, Maximin Giraud et Mélanie Calvat, le samedi 19 septembre 1846, étaient montés avec leur troupeau sur les hauts sommets qui dominent le village ; ils menaient la vie de pasteurs comme aujourd'hui encore les enfants de ce pays.

Ils étaient, disent-ils, près du mamelon sur lequel est bâtie l'église actuelle ; après avoir fait boire leur troupeau à la fontaine, sise en ce lieu, ils s'étaient couchés et endormis. A leur réveil, ils allèrent à la recherche de leurs bêtes, qui, en broutant s'étaient éloignées peu à peu ; ayant constaté qu'elles reposaient en ruminant un peu plus loin, ils revinrent s'asseoir dans le pli du terrain d'où jaillissait la petite source.

« C'estalors, raconte Maximin, que Mélanie vit une grande clarté vers la fontaine et elle m'a dit : » Maximin, viens voir cette clarté. » Je suis descendu avec Mélanie ; puis nous avons vu la clarté s'ouvrir et dedans nous avons vu une dame assise, les coudes sur les genoux, la figure dans les mains, et nous avons eu peur. Et la dame s'est levée, a croisé les bras et nous a dit : « avancez, mes enfants, n'ayez pas peur, je suis ici pour vous conter une grande nouvelle. » Et nous n'avons plus eu peur ; et nous nous sommes avancés, avons passé le ruisseau, et la dame s'est avancée vers nous autres, à quelques pas de l'endroit où elle était assise, et elle nous a fait la prédiction suivante :

« Si mon peuple ne veut pas se soumettre,
« je suis forcée de laisser aller le bras de
« mon fils ; il est si lourd et si pesant, que
« je ne puis plus le retenir. Depuis le temps
« que je souffre pour vous autres ! Si je
« veux que mon fils ne vous abandonne pas,
« je suis chargée de le prier pour vous
« autres, qui n'en faites pas cas.

« J'ai donné six jours pour travailler, je
« me suis réservé le septième ; on ne veut
« pas me l'accorder.

« Les charretiers ne savent plus jurer sans
« y mettre le nom de Dieu. Ce sont les
« deux choses qui appesantissent le bras
« de mon fils.

« Si la récolte se gâte, ce n'est rien que
« pour vous autres ; je vous l'ai fait voir
« l'année dernière par la récolte des pommes
« de terre, vous n'en avez pas fait cas ; au
« contraire, quand vous en trouviez de
« gâtées, vous juriez le nom de Dieu :
« elles vont continuer à pourrir, et à Noël

« il n'y en aura plus. » Là, voyant que Mélanie ne comprenait pas bien, la dame nous parla en patois « Que celui qui a du « blé ne le sème pas, les bêtes le mangeront ; « s'il en vient quelques plants, en le battant, « il tombera en poussière.

« Il va venir une grande famine ; avant « qu'elle ne vienne, les petits enfants au-« dessous de sept ans prendront un trem-« blement et mourront entre les bras des « personnes qui les tiendront, et les grands « feront la pénitence par la faim.

« Les raisins pourriront et les noix « deviendront mauvaises. S'ils se conver-« tissent, les pierres et les rochers se « changeront en blé ; les pommes de terre « pousseront ensemencées par la terre. « Il ne va que quelques femmes un peu âgées « à la messe ; les autres travaillent tout l'été, « et ne vont à la messe que l'hiver, et encore « rien que pour se moquer de la religion. « Quand ils vont à la messe, les petits

« garçons mettent des pierres dans leurs
« poches pour les jeter aux filles. Les filles
« se font porter à manger à la danse. Ils
« vont à la boucherie comme des chiens ».

Après cette prédiction la Dame est montée
une quinzaine de pas en glissant sur l'herbe
comme si elle était suspendue et qu'on la
poussât ; ses pieds ne touchaient pas le haut
de l'herbe. Avant de disparaître, elle s'est
élevée en l'air un moment, puis nous ne vîmes
plus sa tête, puis ses bras, puis le reste du
corps ; elle semblait se fondre comme un
morceau de beurre dans la soupe. Et puis il
resta une grande clarté que je voulais attra-
per à la main, avec les fleurs qu'elle avait à
ses pieds, mais il n'y eut plus rien. »

« Au milieu de son discours, la dame m'a
parlé en français en me disant : « Tu ne
diras pas ça, ni ça ; c'est mon secret » elle
a gardé un moment de silence, il me semblait qu'elle parlait à Mélanie, elle a aussi
son secret, etc. »

On les a connus plus tard ces deux fameux secrets, réunions d'insanités analogues à celles de l'apparition qu'il est inutile de transcrire ici.

Le Costume Le costume de la Dame de l'Apparition était vraiment étrange : il ressemblait quelque peu à celui de ces folles que nous voyons dans nos asiles d'aliénés s'embellir avec des oripeaux hétéroclites. Elle portait comme bonnet un serre-tête attaché par un cordon sous le menton ; une couronne dorée munie de rayons et une seconde couronne de roses complétait la coiffure. Elle était habillée d'une robe blanche à grands plis, avec un fichu entouré de roses ; une chaîne de métal doré portait un christ placé sur le devant de la poitrine. Un tablier jaune bordé de franges d'argent, des bas citron et des souliers ornés de fleurs complétaient l'habillement. Mais ce qui frappait le plus dans cette étrange exhibition, c'était, passés à la ceinture, un gros marteau de menuisier d'un côté et une paire de tenailles de l'autre.

C'est ainsi déguisée que la Sainte-Vierge fit cette fameuse révélation, triste amas de balourdises que des évêques et des prêtres ont osé donner en pâture aux âmes pieuses comme un pain apporté du ciel. Nous avons dû copier ce récit pour mettre au jour les absurdités qu'il renferme ; mais, malgré les jurements des charretiers, malgré les pierres lancées aux filles par les garçons peu galants, malgré l'appétit des demoiselles à la danse, malgré les dépenses exagérées des ménagères en viande de boucherie, je dois dire que les prédictions de la Vierge ne se sont pas accomplies : le blé et les pommes de terre se sont bien comportés et il reste encore des quantités d'enfants qui vivent sans trembler, se sachant du pays de Bayard. Enfin, contrairement à la prédiction, les années qui suivirent, c'est-à-dire 1847 et 1848, furent des années d'extrême abondance.

Continuons notre récit. Les enfants ramenèrent le soir leurs troupeaux à la ferme et racontèrent ce qu'ils avaient vu aux habitants du village. Le lendemain matin dimanche, le curé de la Salette dans son prône s'empressait d'annoncer le grand événement comme un fait miraculeux ; il faisait un sermon très suggestif à ce sujet et disait une messe d'actions de grâces, pour remercier la Vierge d'avoir choisi la Salette comme son lieu de prédilection.

Il s'inquiétait peu de rechercher si le miracle était vrai ou faux, si les bergers étaient menteurs ou véridiques ; dans sa joie d'avoir un lieu de pèlerinage, il acceptait tout.

Notons cet empressement.

Le bruit de l'événement du 19 septembre courut comme un incendie dans le diocèse de Grenoble et les pays circonvoisins. Les curieux et les pèlerins se portèrent en foule sur la montagne devenue sainte et vinrent boire à la source presque tarie autrefois, abondante aujourd'hui, près de laquelle avait eu lieu l'apparition.

Disons tout de suite que pour rendre l'eau de la source miraculeuse et vendable, on supposa qu'elle avait jailli des pieds de la Vierge : or, la source coulait avant le 19 septembre, puisque les enfants y conduisaient ce jour-là même leurs troupeaux y boire, et qu'au moment de l'apparition ils avaient, disent-ils, franchi le ruisseau pour s'approcher de la dame.

Un jour, un brave cultivateur de La Salette, il vit encore, entendit le récit de l'apparition fait par un père Salétien. Lorsque celui-ci affirma qu'avant la venue de la Vierge il n'y avait pas de fontaine en ce lieu, le cultivateur s'écria : « Oh ! le menteur ! » « Que dites-vous ? » fit un pèlerin. Je dis : Oh ! le menteur ! » « Et pourquoi ? » « Parce que je suis du pays ; j'ai « toujours vu une fontaine dans ce vallon,

« et si autrefois elle était moins forte qu'à
« présent, c'est que les missionnaires ont
« canalisé toutes les sources voisines. »

Cette dernière assertion est si vraie qu'un
jour de dispute à La Salette entre la
municipalité et les Pères, il fut question au
Conseil municipal d'enlever les tuyaux placés dans les terrains communaux à seule fin
de tarir la fontaine miraculeuse.

La Pierre sainte Les pères congréganistes montrent aux
pèlerins la pierre sur laquelle la Vierge
s'est assise. Or une femme du pays nous
affirme que cette pierre, dès les premiers
jours, brisée et réduite en miettes pour ainsi
dire, fut emportée par les pèlerins, sauf un
gros quartier que le curé de Corps fit venir
chez lui pour être vendu en détail aux personnes pieuses. Mais, depuis cette époque,
miracle quotidien, cette pierre renaît chaque
jour et ne cesse de produire des bénéfices ;
toute la montagne aurait fini par être ainsi
emportée en détail si le mouvement reli-

gieux eut continué de ce côté ; la crédulité humaine est si grande, que les Alpes en- tières suffiraient à peine à satisfaire cet amour pour les fétiches.

III

Les faibles
d'esprit

Si certains hommes religieux n'ont pas besoin de miracles pour croire à la religion, il est en d'autres dont l'état d'âme inférieur les dispose à accepter tous les faits surnaturels, et à regarder comme prodiges miraculeux les fables les plus grossières. Il faut, je ne dirai pas une intelligence, mais un estomac bien épais pour digérer « les pommes de terre pourries de la Salette », même avec l'assaisonnement du beurre qui fond dans la soupe ; pourtant cela fut avalé dévotement. Il y a des gens, ce ne sont pas de méchantes gens du reste, qui, pour être pieux ont besoin de petites statuettes, de petites images, de petits Jésus, de petites Immaculées Conceptions, et qui ne sauraient faire leurs prières sans un plâtre devant les yeux. Il semble que le souvenir lointain des ancêtres adorateurs d'idoles est devenu chez eux une impulsion héréditaire, impulsion que l'éducation moderne n'a pu détruire, et qui les jette, comme autrefois, aux pieds des images de piété.

Diverses classes de Ste-Vierge   C'est pour ces gens d'intellect arriéré que les pèlerinages sont créés ; ils vont à la Salette, ils vont à Fourvières de Lyon, ils vont à Notre-Dame d'Embrun, ils vont à Paray-le-Monial, ils vont à Notre-Dame des Victoires, ils vont à Lourdes surtout. Pour eux, la Vierge de leur village est une pauvre Vierge insignifiante, incapable du plus petit miracle ; on la délaisse, on la méprise, on ne la prie que du bout des lèvres.

La Vierge adorable, la Vierge de classe

supérieure celle aux pieds de laquelle hommages et richesses sont déposés, celle-là habite les hauts lieux.

Par une curieuse transformation de l'Idée, on finit même par adorer le pays et non plus la Sainte : on adore Lourdes et non plus la Vierge de Lourdes. Si vous transportez la statue de l'Immaculée-Conception, de la grotte fameuse à Tarbes, à Pau ou ailleurs, vous n'attirerez aucun pèlerin, et c'est à la grotte de Lourdes, même sans la statue, qu'iront encore les dévotions des fidèles.

Mont-Roland de Dôle L'expérience en a été faite dans le Jura, aux environs de Dôle ; c'est une anecdote à raconter pour servir à l'histoire psychologique des pèlerinages. Sur la montagne du Mont-Roland existait autrefois une chapelle qui fut un lieu de dévotion très fréquenté par nos pères ; on faisait remonter la construction de l'édifice aux temps de Charlemagne et de ses preux, le chevalier Roland était enterré, disait-on, sous le maître-Autel, et l'épée, sa fidèle Durandal, accrochée aux parois. Mais ce n'étaient pas ces souvenirs qui attiraient la foule; une vierge noire dominait le tabernacle, et c'était pour elle que des pèlerinages non interrompus montaient de toutes les contrées voisines. Or, dans les dernières années du 18me siècle, la dévotion s'était refroidie, et la chapelle était délaissée et solitaire : l'église non réparée devint bientôt une ruine, ce n'était plus aux lieux de dévotion qu'on allait pendant la révolution et l'Empire, c'était à la frontière que se faisaient les pèlerinages, et on les poussait quelquefois jusqu'aux capitales des peuples voisins.

La chapelle de Mont-Roland, pierre à pierre s'effondra ; un jour les habitants de Jouhe, petite commune voisine, allèrent en procession chercher la Vierge noire, et l'apportèrent dans leur village, où elle est encore. Or, il y a quarante ans environ, les

Pères Jésuites vinrent s'établir à Dôle et eurent l'idée de relever les ruines du Mont-Roland. Ils y bâtirent un élégant édifice gothique, et au milieu de la nef préparèrent, dominant l'autel, un trône élevé : cela fait, ils allèrent à Jouhe prier le maire et les habitants de vouloir bien permettre à la vieille statue de réintégrer son domicile remis à neuf. Le conseil municipal, après s'être assemblé pour en délibérer, prit, contrairement aux désirs des Jésuites, la décision suivante : « Ou notre Vierge noire est bonne à quelque chose, et il nous faut la garder ; ou elle n'est bonne à rien, et il n'est pas honnête de la vendre. » Ce que voyant, les bons Pères firent sculpter par un habile artiste une vierge du plus bel ébène ; ils l'habillèrent d'étoffes d'or et d'argent, et l'installèrent pompeusement sur un trône au milieu d'une gloire étincelante.

Or il arriva ceci, que la vieille idole de Jouhe continua, inactive et inutile, à végéter sans adorateurs, tandis que la Vierge neuve du Mont-Roland recommença les miracles d'autrefois et attira la foule des pèlerins.

Les habitants de Jouhe étaient d'honnêtes naïfs, incapables de lutter contre l'esprit subtil des Pères Jésuites ; ils eurent le tort de ne pas vendre leur Vierge au bon moment ; ils ignoraient que les foules aiment les hauts lieux, et que le mot, Mont Roland, seul avait une valeur. Aujourd'hui ils n'en trouveraient pas quatre sous de leur Vierge noire.

IV.

L'abbé Rousselot.

Reprenons l'histoirede la Salette :

L'année suivante, Mgr Philibert de Bruillard, évêque de Grenoble, chargea M^r l'abbé Rousselot, vicaire géneral, et un autre abbé, de procéder à une enquête sur l'apparition et sur les miracles qui auraient pu se produire du fait de La Salette.

M^r l'abbé Rousselot, dont nous dirons plus loin le rôle dans l'affaire est le grand metteur en œuvre de la Salette ; c'est lui qui va faire la publicité, c'est lui qui va écrire les ouvrages suggestifs, c'est lui qui, général en chef, conduira le combat pour défendre l'œuvre : les bataillons religieux, y compris les monseigneurs, suivront ses conseils et obéiront à ses ordres. Sans l'abbé Rousselot, la Salette n'eût pas existé.

Ce vicaire général était un prêtre intrigant, qui aimait l'argent : l'aimait-il pour le bien de l'Eglise ? Il faut l'admettre pour sauver quelque peu sa moralité ; mais enfin il tâchait de s'en procurer par tous les moyens possibles. Pour arriver à cette fortune, but de ses désirs, il avait fondé une librairie religieuse ; plus tard il avait exploité un hôtel pour prêtres et gens dévots ; plus tard encore il avait créé une bibliothèque chrétienne et payante ; mais ces diverses exploitations, loin de l'enrichir, l'avaient mis en mauvaise posture ; il avait des dettes nombreuses : des chanoines de la cathédrale, des prêtres et quelques laïques étaient ses créanciers ; si quelques-uns comptant sur son esprit d'invention, attendaient encore, d'autres réclamaient âprement intérêt et capital.

La nécessité d'argent poussa-t-elle Mr Rousselot à faire la Salette ? on hésite à écrire une telle supposition ; la chose serait si peu honorable ! mais enfin, fait certain, grâce à lui, la Salette fut lancée : l'abbé Rousselot écrivit ses livres qui se vendirent à des milliers d'exemplaires ; les pèlerinages furent une mine d'argent, la vente d'eau de la fontaine, une rivière d'or ; et lorsque l'abbé Rousselot mourut comblé d'honneurs et de dignités, depuis longtemps toutes ses dettes étaient payées, depuis longtemps il était devenu un gros capitaliste. Or, c'est l'abbé

Rousselot, lui qui avait un intérêt direct à faire croire à l'apparition de la Salette, c'est lui, dis-je qui se fait nommer rapporteur de l'enquête qui va consacrer la Salette. La chose lui est facile : grand vicaire et homme d'énergie, c'est lui qui tient et conduit la main de son évêque devenu avec l'âge faible d'esprit et de volonté.

L'enquête. Voilà l'abbé Rousselot en route avec l'abbé Orcel, mais celui-ci, comparse dans la comédie, ne tarde pas à s'effacer et à disparaître derrière la personnalité du premier. Ils interrogent les deux enfants et les témoins qui ont entendu leurs récits : certains faits sont écartés ; d'autres au contraire soigneusement enregistrés, et parmi ceux-ci une douzaine de miracles qui se sont produits dans huit diocèses différents. Ils n'osent pas parler de miracles constatés à la Salette même, parce qu'aucun témoin ne se trouve dans le village pour les affirmer ; on en cite bien un, mais avec hésitation : Un homme estropié, la main enveloppée de linges, aurait dit en s'avançant vers la Vierge : « si elle voulait pourtant, elle me guérirait. » Et à l'instant il fut guéri. Mais les habitants savaient que ce mendiant avait proposé à un Père de faire un miracle : cet homme savait crisper ses doigts de manière à faire croire à une véritable infirmité.

Quoiqu'il en soit. grâce à l'abbé Rousselot, la Salette devint un lieu sanctifié par la présence de la Vierge : « l'apparition est « surnaturelle disait le rapport ; c'est Marie « qui a parlé à Mélanie et a Maximin. »
Qu'arriva-t-il ensuite ?

Approbation du Rapport En 1848 une commission de prêtres présidée par l'évêque de Grenoble examine le document ; on prétend qu'en faisaient partie les bons chanoines et les bons curés créanciers de l'abbé Rousselot ; ce sont ces membres de la commision, l'évêque compris, qui ont établi le mensonge des bergers comme chose véridique ; ce sont eux qui ont donné le laisser-passer à l'imposture ; ils doivent en face de toute la chrétienté être flétris pour ce fait. Si l'abbé Rousselot est le grand coupable comme inventeur, eux aussi ont une part de responsabilité pour ne s'être pas opposés à l'erreur et Monseigneur de Bruillard mérite d'être honni, pour avoir mis sa signature au bas de ce faux miracle.

Le fait miraculeux était reconnu. L'abbé Rousselot avait réussi ; son : *Rapport à Monseigneur l'évêque de Grenoble sur l'apparition de la Sainte Vierge à deux petits bergers*, était le fondement béni et approuvé sur lequel allait s'élever, grâce à lui, l'œuvre de la Salette.

Le mande-
ment
doctrinal.

Cinq ans après, le 19 septembre 1851, l'abbé Rousselot étant toujours grand vicaire, l'évêque de Grenoble publia un mandement doctrinal dans lequel il déclarait :

1° Que l'apparition portait en elle-même tous les caractères de la vérité et que les fidèles sont fondés à la croire indubitable et certaine ;

2° Que le concours immense de pèlerins et que les prodiges arrivés à la suite de l'événement donnaient au fait un nouveau degré de certitude ;

3° Qu'il autorisait le culte de la Salette, permettait de le prêcher et d'en tirer des conséquences pratiques et morales ;

4° Qu'il défendait expressément aux fidèles et aux prêtres de son diocèse de jamais s'élever publiquement, de vive voix ou par écrit, contre le fait proclamé ce jour là, et qui dès lors commandait le respect de tous.

Ce mandement, c'était la conscience violée : c'était la foi imposée ; c'était la persécution la plus odieuse de toutes, la persécution des sentiments religieux intimes ; les prêtres qui ne croyaient pas avaient l'ordre de croire ; ils recevaient le mandement avec imposition de le lire au prône : Nous dirons tout à l'heure ce que devinrent les malheureux curés qui eurent le courage de protester.

Pour le moment, c'était le triomphe de l'abbé Rousselot.

Organisation et Exploitation

Alors l'évêché de Grenoble acheta la montagne de l'apparition, et des constructions s'y élevèrent immenses, pouvant contenir la foule des pèlerins. On créa un ordre religieux les Missionnaires de la Salette, chargés de l'exploitation ; des sœurs du même ordre s'établirent à côté d'eux, comme cuisinières, lingères, bonnes d'hôtel ; des frères, pauvres déchets de l'humanité, firent les grosses besognes, payés en bons sur le paradis.

Déjà la grande occupation de tous était la mise en bouteilles de l'eau de source expédiée à l'Europe entière ; les neuf mois d'hiver ne suffisaient pas à ce travail, tellement l'article était demandé ; leurs voisins, les moines de la Grande Chartreuse, en jaunissaient de jalousie, n'ayant pas gratis leur matière première et le débit de leur excellente liqueur n'approchant pas de celui de l'eau miraculeuse.

C'est pour Lourdes aujourd'hui que les fabricants de pieuses bouteilles travaillent, et c'est l'eau de Lourdes qu'on expédie dans l'univers.

V

Les adversaires de la Salette. L'abbé Rousselot aurait été pleinement satisfait de son invention, si des adversaires n'avaient paru ; adversaires redoutables qui sapant l'édifice savamment élevé, vont finir par l'ébranler et le faire-tomber en ruines. Mais il faudra plusieurs lustres pour arriver à la catastrophe finale, et pendant cette longue période d'années, d'interminables théories de pèlerins apporteront leurs prières à la Vierge et leurs oboles à ses prêtres.

Le Cardinal de Bonald Parmi les adversaires, se trouve en première ligne le Cardinal de Bonald archevêque de Lyon, fils du célèbre auteur de la théorie du Pouvoir, cette œuvre de philosophie catholique Or, au mandement de monseigneur de Bruillard qui proclame le dogme de la Salette, lui, le Métropolitain, répond par une lettre pastorale, laquelle cingle comme un coup de fouet le prélat son suffragant. Monseigneur de Bonald bien qu'imbu de doctrines exclusivement ultramontaines, était un homme de grand sens ; sentant que le catholiscime, par des pratiques de ce genre, se ravalait à une basse idolâtrie, il envoya l'instruction suivante aux prêtres de son diocèse : « Nous défendons de publier en « chaire sans notre permission le récit « d'un fait miraculeux, quand bien même « l'authenticité en serait attestée par un évê- « que étranger. Vous aurez soin, mes chers « coopérateurs, de mettre les fidèles en « garde contre les publications journalières « de miracles, de prophéties, d'images, de « prières, qui peuvent être pour des

« marchands cupides une source assurée de
« bénéfices illicites, mais qui sont pour la
« religion un sujet de douleur et de
« crainte. »

L'abbé Rousselot et son Evêque, traités
de marchands cupides et voleurs ne bais-
sèrent pas la tête et ne fermèrent pas
boutique : ils savaient la bêtise humaine
immense, et comptant sur elle, ils ne tinrent
aucun compte et de ce premier mandement
et des autres qui suivirent.

Mais ni l'évêque de Grenoble, ni l'abbé
Rousselot, ni le syndicat de prêtres intéressés à la Salette, ne pardonnèrent au Cardinal
de les avoir cloués au pilori comme de vul-
gaires filous ; on le lui fit bien voir quelques
mois plus tard dans la circonstance suivante:

En 1851 Mgr de Bonald très aimé du pape
Pie IX reçut une délégation spéciale du
St-Père, à l'effet d'interroger les enfants et de
recevoir ce qu'on appelait leur secret. Il
devait arriver à Grenoble le 12 Juillet et

avait donné avis officiel de sa visite. Grand émoi à l'Evêché : une enquête faite par ce cardinal qui déjà avait percé à jour le mystère de la Salette, c'était la démolition de l'échafaudage dressé, c'était la ruine de cette exploitation à beaux bénéfices: sur le vu du rapport du Cardinal, la cour de Rome certainement allait opposer son veto.

Une reconduite de Grenoble. Il fallait parer le coup : une fourberie merveilleuse, bien que peu respectueuse, fut improvisée par l'abbé Rousselot, et sauva la Salette. Six jours avant l'arrivée du Cardinal, pour lui soustraire le fameux secret, pour qu'il ne pût ni voir, ni savoir, ni conclure, pour qu'en somme il ne pût remplir sa mission, l'abbé Rousselot, accompagné de l'abbé Gérin, curé de la cathédrale, partit à Rome, emportant, pour le déposer directement entre les mains du Pape, le secret des bergers ; il s'en allait plaider sans intermédiaire l'œuvre de la Salette ; il se mettait en réalité aux lieu et place du Cardinal pour le rapport à faire.

Mais, avant de partir, il avait préparé la comédie de réception du métropolitain de Lyon.

Lorsque Mgr de Bonald descendit de voiture, l'Evêque de Grenoble n'était pas là pour le recevoir, non remis encore de la phrase des bénéfices illicites, phrase si dure à avaler, et de digestion si pénible. Se faisaient excuser aussi les deux voyageurs, le grand vicaire et le curé Gérin ; seul à la porte de la cathédrale un inférieur, le vicaire de la paroisse, était là pour débiter le discours de bien-venue : « Mgr Philibert était malade ; son grand vicaire était en voyage ; Mr le Curé de la cathédrale, épuisé par les fatigues du ministère, était allé prendre à la campagne quelques jours de repos ; le berger et la bergère étaient retournés dans leur montagne, etc., etc. » Les chanoines et prêtres assistant à la cérémonie, moqueurs profitaient

pour rire sous cape des profondes génu-
flexions qu'ils faisaient au Primat des Gaules.

L'archevêque revint à Lyon confus et
attristé de cette extraordinaire réception,
honteux des turpitudes entrevues, humilié
d'être le collègue de cet évêque, qui,
chargé de l'éducation morale de ses prêtres,
leur enseignait le bas et vil mensonge.

VI

Le Curé
d'Ars

Mais les deux plus grands ennemis de la
Salette, ceux qui lui portèrent les coups les
plus redoutables, furent d'un côté le curé
d'Ars, de l'autre la Papauté elle-même. Le
premier obtint du berger Maximin, le second
de la bergère Mélanie, l'aveu que l'apparition
était une mystification.

Il nous faut raconter ces deux événements

qui vont éclairer d'une vive lumière toute l'histoire de la Salette.

M. Vianey était le curé d'Ars, petit bourg du département de l'Ain, non loin des bords de la Saône ; c'était un ecclésiastique dans l'esprit de Dieu ; il était simple, sans orgueil et charitable ; il avait une telle horreur du mensonge, qu'une légende s'était accréditée à son sujet, il lisait disait-on au fond des consciences et on ne pouvait lui cacher aucun de ses péchés ; en confession, profond psychologue connaissant à fond la nature humaine, il savait scruter les replis de l'âme de ses pénitents et n'y rien laisser d'obscur.

Sa réputation de sainteté était immense : on accourait de tous les points de la France à Ars comme en un lieu de pèlerinage. Il ne voulut jamais faire de miracles, et n'admettait pas comme tels les guérisons des maladies hystériques qui se produisaient à son contact. Ce qui attirait les foules, c'était sa seule vertu ; c'était aussi sa prédication, ni brillante ni littéraire, il est vrai, mais éloquente par l'ardeur de ses sentiments de foi et de charité. Encore aujourd'hui, cinquante ans après sa mort, on va baiser son tombeau pour obtenir de Dieu quelques faveurs, bien qu'il ne soit pas au rang des saints.

C'est au curé d'Ars qu'un jour fut conduit Maximin. L'abbé Rousselot voulait, sans doute, vu la réputation de sainteté de M. Vianey, faire consacrer pour ainsi dire le jeune berger, peut-être aussi le présenter aux foules comme une annonce vivante, en vue de diriger le courant des pèlerins du côté des Alpes.

La Rétractation de Maximin

Il en arriva autrement : ce fut presque une catastrophe ; le culte de la Salette aurait dû en périr, il s'en releva pourtant après quelques mois écoulés. En présence du saint prêtre, devant cet œil perçant qui va lire au fond de sa conscience, Maximin se trouble et ne sait dire que la vérité : il déclare qu'il a menti sur le fait de la Salette, que la prétendue apparition est une invention, et qu'il n'a rien vu sur la montagne. Si depuis quatre ans il a persévéré dans son mensonge, c'est qu'il faut laisser croire au miracle, qui amène bien des gens à la religion.

L'enfant avait voulu avouer son péché en confession, mais le curé d'Ars n'y avait pas consenti, avant une explication complète hors du confessionnal. Dans son horreur de toute fourberie, sachant que même les mensonges pieux font plus de tort que de bien à la religion Mr Vianey voulait que la vérité fût publiquement proclamée. Aussi raconta-t-il la déclaration du berger à plusieurs personnes parmi lesquelles l'abbé Déléon, dont nous allons parler tout à l'heure.

Celui-ci publia ce récit dans un de ses livres : « Voici, écrit-il, ce que me rapporta M^r le curé, lorsque, pour mieux m'assurer s'il n'y avait pas eu de malentendu, je lui parlais de la fameuse distinction : l'enfant vous aurait peut-être dit n'avoir pas vu la Sainte Vierge, parce qu'il ignore quel est le personnage de l'apparition, mais il n'aurait pas nié avoir vu une dame qui lui avait parlé tel langage et qui avait disparu ensuite ? « Du tout, me répondit le curé, l'enfant m'a dit n'avoir *rien vu* sur la montagne. Il s'est très bien expliqué et je l'ai compris. Voici en deux mots ce qu'il voulait : décharger sa conscience, et cependant laisser croire à La Salette, parce que, disait-il, *ça fait du bien à la religion* ».

Après cette rétractation devenue publique, après cette déclaration capitale de l'un des enfants qui dit n'avoir rien vu sur la montagne, ni vierge ni femme, ni blanc ni noir, après cet aveu du mensonge à un prêtre vénérable et digne d'être cru, il semble que le fait de la Salette doive disparaître du catalogue des miracles, qu'il n'y a plus lieu de s'en occuper, que Monseigneur de Grenoble doit

se frapper la poitrine, écrire un second mandement pour défendre à son clergé de parler
de l'apparition et mettre les fidèles en
défiance d'y croire ! Il semble qu'on doive
arrêter les travaux de la basilique déja
commencés, barrer le chemin qui y conduit,
y mettre un écriteau : « Défense de passer
pour cause de non apparition ! ».

Hélas ! rien de tout cela ne se fit : la déclaration du berger au curé d'Ars fut regar-
dée comme quantité négligeable : les travaux
continuèrent, et les pèlerins, après une
année d'hésitation, reprirent le chemin de la
montagne, apportant de nouveau leurs fer-
ventes prières avec leurs dons : les Pères de
la Salette et Monseigneur continuèrent à
laisser croire à l'apparition « parce que ça
fait du bien. »

La Salette et la Papaute A Rome, la Salette occupa les deux derniers papes, Pie IX et Léon XIII.

Passant par dessus les événements, nous
raconterons les faits dès maintenant, car ces

actes de la cour de Rome nous aideront à éclairer l'histoire qui s'est déroulée depuis le Miracles.

Pie IX   A propos du voyage du cardinal de Bonald à Grenoble, nous disions que l'abbé Rousselot et l'abbé Gérin étaient partis pour Rome, ayant en poche, pour les déposer entre les mains du S' Père, les secrets de Maximin et de Mélanie.

Pie IX, en prenant connaissance des paroles de la Dame de l'apparition aux bergers, et en lisant les secrets si soigneusement cachés, fut frappé d'abord d'un étonnement profond et peu après, dit-on d'un rire inextinguible partagé par la cour romaine ; depuis longtemps on ne s'était vu à pareille fête. — Le pape eut un mot dur pour les messagers et l'évêque qui les envoyait : il déclara que c'était un « *Mundo di stu pidita !* » Il n'est pas nécessaire de traduire ; la papauté ce jour là, fut vraiment infailllible : oui, la Salette était bien un monde de stupidités : il est humiliant pour nous que ce monde de stupidités ait pu naître sur la terre de France, réputée pour son esprit et son savoir. La cour de Rome, loin d'approuver cette apparition de la Vierge de la Salette, la repoussait avec dédain, et renvoyait l'abbé Rousselot et le curé Gérin dans leur diocèse, les traitant par dessus le marché de prêtres fanatiques.

Vers l'année 1850, il n'y avait ni chemin de fer, ni télégraphe entre la France et l'Italie : ce qui se disait à Rome n'arrivait chez nous que lentement aux oreilles du clergé et des ouailles. Nos deux abbés se gardèrent bien de raconter à Grenoble la réception peu flatteuse de la cour romaine ; partis de la ville éternelle un peu aplatis, ils se relevèrent peu à peu, et en arrivant dans la capitale du Dauphiné ils étaient tout à fait redressés ; ils firent entendre aux fidèles que le pape n'avait pas désapprouvé le miracle de la Salette et qu'il ne tarderait pas de le consacrer.

Le mot de sa Sainteté, uno mundo di stupidita, était traduit par : « c'est bien là la
simplicité d'un enfant. »

Léon XIII A Rome encore, mais quarante ans plus
tard, un nouveau fait se produisit qui ra-
mena les yeux du Vatican sur le miracle de
la Salette ; nous anticipons sur la marche
des événements, mais la chose est nécessaire,
nous l'avons dit.

Mélanie la bergère, après bien des péri-
péties, nous les raconterons tout à l'heure,
habitait en 1890 Castellamare près de Naples ;
elle y tenait une modeste maison d'éducation.
L'archevêque de cette ville, qui surveillait
ses agissements, étant passé à une vie meil-
leure, Mélanie libre de tout frein voulut
recommencer la Salette : elle eut des visions,
des révélations, des prophéties, qui furent
accueillis par les fidèles avec une parfaite
bonne foi ; peut-être même, si on l'avait laissé
faire, une Salette italienne allait-elle s'établir sur un volcan ; une Notre Dame du

Vésuve était capable certainement d'attirer les foules ; mais les abbés italiens, à l'encontre des prêtres grenoblois, ne faisaient pas partie en ce moment *del mundo di stupidita* ; ils s'émurent de cette prophétesse qui, dans les mêmes lieux, allait sur les brisées de la Sibylle de Cumes ; la curie .romaine fut avertie. Léon XIII, informé de la conduite tenue par la visionnaire, la fit mander à Rome pour la soumettre à un scupuleux examen. Après plusieurs audiences particulières et un sévère interrogatoire, Sa Sainteté finit par lui arracher l'aveu *qu'elle avait joué, avec Maximin, un rôle imposé et que ses prétendues visions étaient purement imaginaires.*

« A la suite de cet aveu formel », lisons-nous, « sa sainteté a déclaré par décret contre- « signé du cardinal Bartholomé, que le culte « de Notre Dame de la Salette n'avait ni base « sérieuse, ni raison d'être. En vertu de ce « décret qui à été expédié ce matin

« 25 Janvier à sa grandeur M^r l'évêque de
« Grenoble, les images, gravures, tableaux
« et statues représentant Notre Dame de
« la Salette, sous le costume de paysanne,
« avec deux enfants agenouillés à ses pieds,
« doivent être enlevés de tous les sanctuaires,
« chapelles ou églises, et complètement
« détruits ; les fidèles qui auraient ces em-
« blèmes sur eux, dans leur maison, devront
« également les faire disparaître. Le décret
« sera publié dans tous les pays catholiques
« où le culte de la Salette est établi. »

Voilà donc, à 40 ans de distance, deux
déclarations d'une importance capitale : d'un
côté Maximin, de l'autre Mélanie, déclarent
l'un au curé d'Ars, l'autre au pape Léon XIII,
que l'apparition miraculeuse a été inventée
de toutes pièces, qu'ils n'ont rien vu, rien
entendu, et que la Salette est un mensonge,
j'allais dire une fumisterie. On n'a donc plus
à s'occuper, soit d'attaquer, soit de défendre
le nouveau culte, de l'aveu des deux seuls

témoins, c'est une chosé fausse, toutes les po-
lémiques, pour ou contre, deviennent inutiles
puisque les coupables ont avoué et que leurs
aveux ont été publiés *orbi ét urbi.*

Dès ce moment ce devait être une question résolue, elle ne l'est pas encore, et nous
lisons dans un journal de Lourdes qu'oubliant
les aveux de Mélanie, sa Sainteté vient d'accorder aux pèlerins de la Salette une Indul-
gence de Jubilé : cela en l'année 1901 !

VIII

La lutte pour et contre la Salette

Reprenons notre récit et racontons la lutte
épique qui va s'établir entre l'Evêque de
Grenoble et quelques membres de son clergé,
lutte menée par deux champions acharnés à
la bataille, d'un côté l'abbé Rousselot, de
l'autre l'abbé Déléon.

Le premier finira par ramener autour de
lui tout son clergé : peu à peu, au contraire
le dernier sera abandonné de tout le monde.

Les prêtres habitués à l'obéissance passive s'inquièteront moins des avantages de la vérité que des bénéfices du ministère. Déléon restera seul, complètement seul sur la brèche, mais il y restera.

La lutte entre les deux abbés mérite d'être racontée, car elle fait partie de l'histoire religieuse de l'église de France ; elle nous montre aux prises les passions ecclésiastiques les plus ardentes chez deux prêtres qui combattent, l'un pour l'argent source d'influence pour l'église, l'autre pour la vérité but divin auquel chacun de nous doit tendre.

Si de nos jours la bataille ne se donne plus sur la montagne du Dauphiné, elle se continue néammoins aussi ardente entre la partie du clergé qui veut le maintien des pèlerinages et l'autre partie qui refuse tous nouveaux miracles.

L'abbé Déléon était agé de cinquante ans environ ; lorsqu'en 1851 il entreprit la lutte, c'était un homme d'une grande intelligence remplissant avec exactitude ses devoirs sacerdotaux. On pouvait croire à sa parole, car il était franc et loyal. Ils avait un de ces caractères de fer qui ne savent pas fléchir ; tout d'une pièce, il ne reculait pas d'une semelle lorsqu'il s'agissait de défendre la vérité. Sa supériorité intellectuelle l'avait fait nommer curé de Villeurbanne, grand faubourg de Lyon, qui dépend du diocèse de Grenoble. Sachant la chasteté impossible il vivait, dit la chronique, avec une gouvernante moins âgée que lui, mais cela sans scandale ; l'évêché le savait et fermait les yeux.

En 1848, il avait fondé un journal politico-religieux l'*Union Dauphinoise*, mais lorsque l'abbé Rousselot lança la Salette, et pesa sur les curés du diocèse pour leur faire adopter le nouveau culte, l'abbé Déléon refusa de prôner dans sa feuille le miracle de l'apparition ; vivant avec les curés de Lyon dans l'intimité du cardinal, il partageait les idées de ce clergé sur cette grossière invention.

En 1849, sans autre motif, on lui retira subrepticement la cure de Villeurbanne, des plus importantes, pour l'envoyer dans une des paroisses les plus petites et les plus retirées du département. Comme l'abbé Déléon, fort de son droit, refusait de partir, monseigneur Philibert le menaça d'interdit, s'il ne se résignait sans mot dire.

L'abbé Déléon assigna son évêque en justice et fit appel comme d'abus : mais finalement, de crainte du scandale, il accepta une transaction qui prouvait que les torts n'étaient pas de son côté : il se retirait de sa paroisse en acceptant une petite retraite de 450 francs par an auquel il avait droit.

Bien que dans le cœur d'un évêque, seule la vertu de charité dût exister, de vifs sentiments de rancune et de vengeance remplirent le sien et ne tardèrent pas à déborder ; pour les satisfaire, il commit un acte qu'on peut appeler indigne sans crainte d'être injuste. Mgr Philibert de Bruillard subissait, je dois le dire, l'influence de l'abbé Rousselot, et peut-être n'est-il responsable qu'à moitié du fait suivant.

En 1852, l'abbé Déléon était à Paris pour des motifs politiques des plus honorables, il s'occupait de sauver de malheureux républicains pris dans le coup de filet du Deux Décembre, et, en même temps il soutenait la candidature d'un député libéral de l'Isère.

C'était un malheur dans ce temps là d'entrer en lutte avec son Préfet : celui-ci, préfet à poigne de la première heure, fut trouver l'évêque de Grenoble et lui demanda de le débarrasser de ce gênant adversaire. Que le mot : « Passez-moi la rhubarbe et je vous passerai le séné » ait été dit ou non, il n'en est pas moins vrai que Monseigneur se hâta de déférer à ses désirs. Il poussa la complaisance jusqu'à interdire l'abbé Déléon. Il le fit sans raison, sans décision prise en officialité, sans citation comme le veut le droit canonique : On joua même à son égard une petite comédie assez malpropre : On savait qu'il était à Paris, on lui envoya le jugement à son domicile de Grenoble avec ordre au facteur de ne remettre le pli qu'à lui-même. Ce n'est que douze jours après, lorsque, passez-moi le mot, il était coulé à Paris, qu'on lui fit parvenir la lettre.

Cette mesure était venu frapper l'abbé Déléon afin de détruire à l'avance les démarches électorales qu'il était allé faire, un prêtre interdit étant noté d'infamie dans un certain monde.

A Paris et à Grenoble, on connaissait l'interdiction, alors que lui-même ignorait tout. Ce fait est raconté dans une lettre de M. Dupont Delporte, honorable avocat du barreau de Grenoble, lettre publiée et non contredite. Elle se terminait ainsi : « J'eus l'honneur d'écrire à Monseigneur « pour lui dénoncer une pareille indignité, « en le sollicitant de lever un interdit dont

« le motif était si étranger à toute cause
« religieuse. L'évêque ne voulut pas vous
« rendre justice ; comme il n'avait aucune
« raison plausible à opposer à ma demande, il
« garda le silence. Adieu, mon cher ami,
« croyez que je serais très heureux de faire
« cesser la persécution dont vous êtes l'ob-
« jet et dont le véritable motif est que vous
« avez eu le courage de vous faire l'apôtre
« de la vérité dans l'ignoble affaire de la
« Salette ».

Disons, pour clore ce premier incident,
que l'injustice était si grande, le procédé si
peu conforme à la charité chrétienne, que le
premier acte de M⁀ᵍʳ Ginoulhiac, lorsqu'il
remplaça M⁀ᵍʳ Bruillard fut d'annuler la décision de son prédécesseur.

Mais interdire l'abbé Déléon, c'était lui
donner des loisirs : jusqu'à ce jour il s'était
peu intéressé à la Salette, occupé qu'il était
de son journal et d'autres soins.

Il avait vu passer, sans y prendre garde,

les petits ouvrages de l'abbé Rousselot,
dont le monde catholique était inondé ; il
avait vu frapper des médailles et les vendre
aux fidèles ; il avait vu mettre en bouteille
l'eau de la source et l'expédier au loin à
beaux deniers comptants ; il avait entendu
les boniments dans les chaires des églises ;
tout ce commerce, il l'avait vu faire sans élever
la voix ! Peut-être eût-il le tort dès le début
de ne pas dire dans son journal ce qu'il en
pensait ? peut-être eût-il le tort de ne point
chasser sans tarder les marchands du Temple, ces marchands qui déshonorent les
religions? Comme ses autres collègues, hélas,
il avait fermé les yeux sans rien dire de son
indignation.

Dans un sens pourtant, l'abbé Déléon
s'était occupé de la Salette : c'était, nous
l'avons dit, pour fermer son journal aux
articles de réclame de l'abbé Rousselot.
Déléon avait tenu la porte hermétiquement
close aux miracles, et n'avait pas voulu aider

à y faire croire. Telle fut la cause principale de la colère du grand Vicaire et de ses agissements haineux : « C'est seulement alors » dit l'abbé Déléon, « que je procédai à la pre-« mière étude de la Salette, puisque La Sa-« lette était la cause de l'énormité commise « envers moi. Je fis acte de raison et de cou-« rage en dénonçant au public le sans-gêne « avec lequel les inventeurs de miracles « abaissent Dieu à leur niveau, recourant « aux altérations de vérité, aux contradic-« tions et aux falsifications de pièces ».

La Salette Fallavaux Frappé d'interdit sans raison, voyant qu'on veut sa perte, dans un élan de colère il se ressaisit et ce qu'il pense sur l'apparition, il le dit : ce livre c'est la Salette-Fallavaux ! c'est la Salette vallée de mensonge ! Ce livre fut publié sous le pseudonyme de Donadieu, car il n'eut pas dès le début le courage de le signer de son vrai nom.

Dans cet ouvrage, l'abbé Déléon prétend que les enfants n'ont pas fait une relation sincère : Il les prend un à un, il étudie le langage qu'ils ont prêté à la Vierge, et il en montre l'absurdité. Puis il tourne en ridicule le costume qu'elle portait le jour de l'apparition : il rit de la robe blanche, du tablier jaune, des bas citron, des souliers fleuris de roses, et surtout de ce qui faisait le trait caractéristique du costume, le marteau et les tenailles.

La garde-robe de la Vierge Moins pieux, il aurait pu aller plus loin et se demander où la Vierge Marie avait pris cet accoutrement ? si elle avait au ciel une garde robe de rechange ? s'il y avait au Paradis une couturière pour costume à la mode du Gévaudan ? Si c'était Saint-Eloi, ministre de Dagobert et patron des orfèvres, qui avait forgé la couronne et prêté le marteau ? Si l'habile Saint-Crépin avait confectionné les souliers ? Il y avait encore à élucider la question des dessous, des bas et des jupons, de la chemise et du corset. Redoutables problèmes à soumettre aux théologiens de l'évêché. Ne dites pas que nous nous moquons, et que nos questions sont indiscrètes, elles sont graves puisque Mgr Philibert déclarait ex cathedra, que l'apparition, telle quelle décrite par les bergers devait être, sous peine d'interdit, un objet de foi, et que quarante années plus tard, sa sainteté Léon XIII faisait savoir à la chrétienté que notre Dame de la Salette portant des vêtements ridicules devait en changer et prendre un nouveau costume plus conforme au rituel.

L'abbé Déléon aurait pu demander aussi ce que Notre-Dame remontée au ciel avait fait de son habillement ; si elle l'avait conservé et remisé dans un garde-meuble spécial pour lui servir en cas de besoin, ou si à la porte du Paradis elle en avait fait un paquet pour le lancer dans l'espace ?

Dans la nature « Rien ne se crée, rien ne se perd », a dit l'immortel Lavoisier.

Il faut bien rire pour ne pas pleurer de ce monde de stupidité, que des prêtres trop

naïfs ou trop habiles donnent en pâture à
nos sentiments religieux.

IX

Un grand nombre de prêtres du diocèse
de Grenoble s'étaient émus qui n'approu-
vaient pas la Salette ; l'ouvrage de l'abbé
Déléon avait mis le feu aux poudres en
confirmant leurs doutes à ce sujet. Cinquante
quatre d'entre eux, principalement des
inamovibles, c'est-à-dire des curés de canton,
se réunirent dans une assemblée, espèce de
petit concile régional, pour protester contre
l'apparition et les miracles, et exprimer
à qui de droit la douleur profonde et le
trouble moral que leur causaient ces événements. L'abbé Cartellier, curé de la paroisse
de Saint-Joseph à Grenoble, fut chargé de
rédiger le mémoire de protestation contre la
Salette, adressé au chef suprême de la chré-

(Note marginale : Les cinquante quatre et le mémoire au Pape)

tienté, pour lui demander son appui et le prier d'arrêter la propagation de cette erreur: c'est *le Mémoire au Pape.*

La Salette Fallavaux 2e Partie

En avril 1853, l'abbé Déléon publie sous le même pseudonyme de Donadieu, la deuxième partie de la Salette-Fallavaux. C'est un véritable coup de tonnerre : Il y combat le mandement doctrinal, il accuse l'abbé Rousselot d'être en contradiction avec lui-même, il persiste à présenter l'apparition comme une imposture, mais surtout, fait nouveau, il indique comment le miracle a été commis.

Pour la première fois, entre en scène Mademoiselle de La Merlière, auteur présumé de l'apparition. Ce fait capital dans l'histoire de la Salette, nous allons l'étudier longuement par la suite.

La Salette devant le Pape

« Enfin en 1854, les attaques contre la Salette redoublent et, en même temps que celui de l'abbé Cartellier, l'abbé Déléon publie un nouveau mémoire, signé celui-là de son vrai nom, c'est : La Salette devant le Pape : les deux opuscules sont édités sous la même couverture.

Le mémoire de l'abbé Cartellier avait reçu, ai-je dit, la signature de cinquante quatre prêtres des plus honorables, dont quatre archiprêtres. Ils portèrent le mémoire au métropolitain de Lyon, pour être transmis en cour de Rome : l'archevêque de Lyon l'approuva, mais ne voulant pas compromettre dans leur diocèse l'existence de ces vénérables prêtres, il ne publia pas leurs noms.

La guerre contre les Curés L'abbé Rousselot à cette nouvelle était entré dans un état de fureur extrême : sous le couvert de l'évêché, il défendit par les moyens les plus injustes son œuvre de la Salette : des curés qui exerçaient honorablement leur sacerdoce dans des communes de cinq mille âmes, étaient envoyés dans des cures minuscules du département; un vieux professeur du séminaire était chassé et jeté dans une position précaire et obscure; presque tous les signataires eurentà souffrir de diverses façons.

L'abbé Déléon, lui, était de nouveau interdit le 29 septembre 1854, et les lecteurs de ses ouvrages étaient excommuniés; chose extraordinaire, lui même ne l'était pas. Comme l'instruction pastorale qui portait cette défense à la connaissance des fidèles devait être lue en chaire par tous les prêtres, même par ceux qui avaient approuvé l'abbé Cartellier, des faits de persécution religieuse se produisaient de tous côtés contre ceux qui ne se soumettaient pas aux ordres épiscopaux.

L'abbé Kœnig Les habitants de Tullins qui savaient, nous dirons pourquoi, que l'apparition de La Salette était une insigne fourberie, avaient un curé, l'abbé Kœnig, qui, lui aussi ne croyait pas au miracle. Avant de lire à ses paroissiens le mandement relatif à La Salette il voulut faire acte d'honnête homme en déclarant qu'il n'y croyait pas. Il fut aussitôt interdit de la chaire pour six moix, et l'événement du 2 Décembre 1851 survenant quelques jours après, crime odieux contre la liberté de penser, il fut décrété pour Cayenne ; c'est ainsi, on le sait, qu'agissaient les hommes du coup d'Etat.

Heureusement pour lui, l'autorité discrétionnaire était entre les mains du maréchal de Castellane. A la demande pressante de l'abbé Déléon, le général Rey, chef d'Etat-Major, ému d'un pareil crime, s'entremit et se porta caution de l'abbé Kœnig qui fut ainsi délivré. Les lettres du maréchal de Castellane ont été conservées et font foi de ce fait.

L'acte était tellement infâme que plus tard monseigneur prétendit avoir plaidé en faveur de l'abbé Kœnig ; devons-nous le croire ? L'abbé Rousselot lui avait-il caché sa mauvaise action ? En tout cas son intervention se fit assez mal pour ne pas réussir.

L'abbé Cartellier, l'auteur du *Mémoire au pape* était un prêtre aimant la vérité, mais n'ayant pas le courage de combattre pour elle : il n'avait pas comme l'abbé

Déléon l'étoffe du martyr : peut-être se demandait-il s'il ne commettait pas une faute en opposant sa conscience à l'autorité de monseigneur ; peut-être craignait-il de faire un péché de désobéissance en pensant autrement que son évêque. Habitué à la soumission, il n'avait plus le sentiment de la vraie morale qui faisait de l'abbé Déléon un pieux révolté. Il n'avait pas lu l'ouvrage d'un éminent prélat, le cardinal de Luzerne : « Des droits et des devoirs des évêques et des prêtres. »

Il aurait pû y trouver ceci : « Les prêtres « sont obligés de résister à l'opinion erronée « des évêques. S'opposer à la propagation « d'une erreur, même lorsqu'elle est répandue par un évêque, est un devoir de « quiconque a assez de discernement et de « science pour distinguer l'erreur de la « vérité. Les prêtres y sont tenus plus strictement que les autres. »

Aujourd'hui nous sommes bien loin de ces

principes : il faudra une véritable révolution sacerdotale pour amener l'affranchissement du bas clergé dominé par l'épiscopat, pour amener l'affranchissement de l'esprit religieux étouffé par des pratiques d'un rituel absurde, pour amener l'affranchissement du culte de Dieu étouffé par l'idolâtrie des images ; l'abbé Cartellier eut peur d'être interdit et de perdre la direction morale et religieuse de ses paroissiens qu'il aimait et dont il était aimé ; peut-être aussi, pauvre homme, habitué au bien-être et même au luxe de sa cure de grande ville, craignait-il la misère relative, ne se souvenant plus qu'un disciple de Jésus, ne vit pas seulement de pain, mais de vérité. Il la connaissait pourtant cette vérité et il l'aimait, mais il n'avait pas le courage de la publier dans la rue ou dans la chaire ; seulement dans une chambre bien close, et devant quelques amis, il osait la proclamer.

L'abbé Rousselot savait quelle importance

capitale aurait pour La Salette la rétractation de ce prêtre, il le fit trembler èt il obtint
de lui ce que Monseigneur voulut, sauf un
point.

L'apôtre Déléon avait fait imprimer et
publier le livre de l'abbé Cartellier avec le
sien, sans la permission écrite de l'auteur,
peut-être avait-il outre passé son droit, mais
chez lui l'amour de la vérité avait été plus
fort. A ce sujet l'évêché imposa à l'abbé
Cartellier un procès contre l'abbé Déléon,
et il eût la faiblesse d'y consentir, il lança
une assignation et constitua un avoué, le
cœur lui saignait de cet acte :

« J'ai été, écrivait-il à un ami, jusqu'à
« constituer un avoué contre Mr Déléon,
« mais je ne veux pas aller plus loin ; qu'on
« m'interdise, si l'on veut, je ne me séparerai
« pas à ce point de la vérité; » puis il exprime
si douloureusement la situation qui lui est
imposée, la violence qui lui est faite, sous
menace d'interdit, que ceux qui liront ce

drame seront eux-mêmes émus en même temps qu'indignés, et de l'excès d'oppression qui pèse sur les membres inférieurs du clergé, et de la tyrannie qui s'exerce sur leur conscience.

Etre soumis, *perinde ac cadaver,* ou être interdit, telle est leur situation.

Soumission de l'abbé Cartellier Le procès de l'abbé Cartellier contre l'abbé Déléon était impossible ; l'Evêque lui-même le comprit et permit qu'il se désistât, mais le pauvre curé dut faire sa soumission dans les termes suivants :

« Monseigneur, en attaquant le fait de l'apparition, je n'ai pas voulu attaquer la dévotion à La Salette.

« J'accepte avec une humble soumission la condamnation de mon mémoire.

« Les faits qui s'y trouvent, je les ai rapportés de bonne foi, mais je désavoue et condamne ce qui est faux et inexact, *tout en conservant mon opinion sur La Salette.* »

A ce sujet, dans le procès Lamerlière,

l'avocat général, M° Almeras-Latour, qui soutint l'accusation, dit ceci : « Dans cette « querelle qui s'était élevée entre Mr Cartel- « lier et lui, notre digne prélat a été bien- « veillant et paternel. Le tableau qu'offrent « ces deux hommes est consolant dans une « affaire semblable, lorsqu'il nous repré- « sente un prêtre s'humiliant aux pieds de « son supérieur qui le relève avec bonté et « lui tend la palme de la réconciliation, en « lui laissant l'indépendance de sa raison et « l'inviolabilité de sa conscience. »

Non, dirons-nous, ce tableau n'est pas consolant, il est révoltant au contraire, car il nous montre la vérité représentée par l'abbé Cartellier s'humiliant aux pieds du mensonge représenté par l'Evêque ! Non, l'évêque n'a pas laissé à son prêtre l'indé- pendance de sa raison ! non, il ne lui a pas laissé l'inviolabilité de sa conscience ! L'action de l'évêque a été un pur chantage, pour employer le mot propre. Il faut, lui a-

t-il dit, vous rétracter ou être interdit ! il faut
vous rétracter ou être privé de votre cure !
il faut vous rétracter ou vivre misérable !

Le pauvre abbé Cartellier n'eut pas même
la satisfaction aux yeux du public d'avoir au
moins sauvé quelque peu son honneur. Dans
un opuscule publié en mars 1855 et intitulé :
« Inauguration de la chapelle de La Salette »,
l'abbé Burnoud, supérieur des Pères salé-
tiens, ajouta comme post-scriptum la phrase
suivante : « Mr Cartellier, curé de Saint-Joseph,
« auteur du mémoire au pape, a remis le 26
« Février 1855, à Monseigneur Ginouilhac
« évêque de Grenoble sa rétractation expli-
« cite et complète ».

C'était un mensonge ; mais l'abbé Burnoud
était l'ami, le confident, et l'associé de l'abbé
Rousselot ; or ce mensonge faisait du bien à
La Salette.

Ainsi ce pauvre prêtre, qui se met à
genoux pour conserver la grâce de son

évêque, qui obtient son pardon en s'humiliant et en se frappant la poitrine, mais qui voulant rester honnête homme écrit formellement : « Je maintiens mon opinion sur la Salette », voit publier dans un mémoire retentissant approuvé par l'évêché qu'il a rétracté tout ce qu'il a écrit :

Que dire d'un pareil faux au bas d'un écrit religieux ?

L'abbé Cartellier réclama : monseigneur daigna retirer les exemplaires non vendus du livre de l'abbé Bernoud, mais déjà les autres circulaient par milliers dans la chrétienté et faisaient leur œuvre de mensonge.

Telle était la situation d'un prêtre du diocèse dè Grenoble au milieu du XIXe siècle : *ab uno disce omnes*. Un prêtre était un esclave moral ; il n'y avait de vérité que celle qui sortait de l'évêché ; peut-être aujourd'hui encore les choses se passent-elles de même façon ?

La démission de Mgr. Bruillard

Au milieu des événements que nous avons racontés, un fait important avait eu lieu à l'évêché de Grenoble. Monseigneur Bruillard avait fini par se trouver dans une position difficile au sujet de La Salette ; si la rougeur ne montait plus à son front en public, les remords en particulier le tenaillaient ; il se sentait bas et vil pour avoir toléré de la part de cet abbé Rousselot son vicaire général tant d'infamies commises sous sa signature, comme aussi de ne pas croire à la Salette et de la soutenir par les moyens les plus injustes ; il se sentait bas et vil dans sa lutte avec l'abbé Déléon dont l'attitude en face de la sienne était si haute et si noble, bas et vil aux yeux de son clergé trop peu énergique pour se révolter, mais trop intelligent pour ne pas le juger ; bas et vil enfin auprès de son métropolitain de Lyon qui le traitait d'exploiteur des foules !

Il résolut de donner sa démission.

Mais dans cet acte même il fut immoral : Rousselot, l'inventeur de la Salette qui veillait au salut de l'œuvre, ne pouvait admettre un successeur qui aurait d'autres idées que lui sur l'apparition aux bergers ; un nouvel évêque influencé par les réponses de Maximin au curé d'Ars, influencé par les livres de l'abbé Déléon, influencé surtout par la stupidité des prédictions de la Vierge, pouvait ne pas admettre le miracle et fermer les portes de la chapelle. C'était une redoutable éventualité à prévoir et à prévenir.

On chercha un successeur qui accepta tout, le siège épiscopal et la Salette avec ; c'était un véritable marché à faire. Comme aucun prêtre du diocèse ne voulait prendre la suite avec la clause d'être l'apôtre du miracle, c'est au diocèse d'Aix que l'abbé Rousselot trouva dans l'abbé de Ginouilhiac, l'homme de la situation.

Celui-ci, quelque peu parent d'Henri IV, trouva qu'un diocèse valait bien une messe,

même à la Salette. A ce prix il obtint l'épiscopat.

La démission inattendue de Mgr de Bruillard parut au *Moniteur* avec la désignation
de son successeur. Lorsque les chanoines et
les professeurs du Séminaire allèrent présenter leurs hommages et leurs condoléances
au Prélat, ils apprirent de sa bouche qu'avant
de démissionner, il avait *stipulé*, avec son
successeur le maintien de la Salette ; dans
son livre l'abbé Déléon dit qu'il tient le
propos de la bouche de professeurs présents
à la cérémonie ; ce mot devant l'officialité
fut répété et entouré de détails et de preuves.
De plus, en 1855, Mgr de Ginoulhiac confirma
la chose en écrivant au cardinal de Bonald :
« Je ne puis détruire la Salette, je suis *engagé*
avec mon prédécesseur. »

Stipulé d'une part, engagé de l'autre, en
disent assez ; c'est bien d'un marché dont il
s'agit.

Nous aurions voulu que l'avocat général

Mr Almeras-Latour, qui plaida dans le mémorable procès Lamerlière-Déléon, fut à la hauteur de sa tâche ; malheureusement il était de cette race de magistrats de l'Empire dont un grand nombre avait fait partie des commissions mixtes, ce composé de juges et de procureurs sans moralité, qui n'avaient pas craint de violer l'éternelle justice en condamnant à un exil souvent mortel, à Cayenne ou à Lambessa, des citoyens français coupables seulement d'aimer la République le gouvernement légal d'alors. Il n'eût l'âme ni assez droite, ni assez haute pour flageller le mensonge parce qu'il fallait le faire sur la peau d'un évêque ; il ne voulut pas que le principe d'autorité fut atteint, et il hésita à blesser l'honneur d'un chef de service son collègue : « Si vous « voulez porter vos regards vers une autre « montagne, disait-il, vous y retrouverez une « retraite silencieuse et pure, et au fond de « cette retraite un vieillard au front serein

« et à la tête blanchie, comptant ses jours
« par ses bienfaits, étendant ses mains vers
« notre vallée, pour la bénir, ne s'occupant
« que d'élever son âme à Dieu et de le contem-
« pler. Oh ! cet homme qui vit si saintement,
« qui couronne une belle existence par une
« retraite plus belle encore, il a fallu une
« singulière audace pour le peindre sous
« les traits d'un imposteur et d'un escroc. »

M^r l'avocat général oubliait en parlant
ainsi que c'était le cardinal de Bonald qui
le premier, avait traité cet évêque de mar-
chand cupide et de faiseur de bénéfices
illicites ! C'était le Primat des Gaules qui
avait donné cette leçon d'honnêteté à son
suffragant oublieux des leçons de morale
apprises au catéchisme. Or, cette leçon
d'honnêteté, c'eût été le devoir du haut
représentant de la justice de la donner aussi.
Il ne le fit pas ! Il préféra couvrir des fleurs
de son éloquence le pasteur riche d'argent
escroqué à ses ouailles.

X

Mlle de Lamerlière

Nous venons de raconter les faits qui se sont passés autour de La Salette, entre les principaux acteurs de cette comédie religieuse ; il nous faut parler maintenant de Mlle Lamerlière qui joua un grand premier rôle dans cette pièce.

En 1846, Mlle de Saint-Ferréol de Lamerlière, fière d'être née d'une famille noble et considérée, était une vieille fille, livrée depuis son enfance aux pratiques d'un étroit bigotisme.

Médecin aliéniste, nous avons commencé ce travail, parce que l'état mental de cette demoiselle nous intéressait : de même que le culte de Paray-le-Monial fut fondé sur la folie hystérique de Marie Alacoque, nous pensions que le culte de la Salette devait dériver plus ou moins de la maladie nerveuse de cette demoiselle ; nous verrons par la suite qu'il n'en fut pas tout à fait ainsi et qu'elle ne fut pas le personnage principal de l'affaire : le vrai pivot fut l'abbé Rousselot qui se servit d'elle en la faisant tourner et agir à sa guise, mais c'est grâce à cette femme bizarre qu'il put fonder la Salette : à ce titre l'histoire de sa vie nous appartient.

Son état mental

Au point de vue mental, Mlle de Lamerlière était une déséquilibrée ; Etait-elle une héréditaire ? l'histoire ne le dit pas. Elle n'était pas aliénée, et on ne l'aurait pas admise dans un asile, mais on disait d'elle dans le public, « c'est une folle » ; ses discours n'étaient pas insensés, mais ses actes l'étaient souvent. On remarquait chez elle une imagination vive et une disposition au romanesque : avec cela une tendance à des actes extraordinaires et impulsifs ; son orgueil touchait au délire des grandeurs : ses idées de piété s'étaient peu à peu systématisées et on avait, en l'écoutant, la sensation que la véritable démence était proche. Sa famille, voulant lui conserver un peu de sa fortune qui fondait entre ses mains, avait demandé pour elle un conseil judiciaire, son état mental faisait donc l'objet d'un doute puisqu'on trouvait que sa façon d'agir nécessitait un administrateur ou un tuteur, mais ce doute de la famille, nous permet à nous de suspecter son cerveau d'être en équilibre instable.

On le comprendra mieux en lisant la suite de ce récit.

Son état physique Au point de vue physique, c'était une femme courte, grosse et sans beauté, me dit un vieillard de la Salette ; d'une santé excellente, elle aimait le mouvement et était, soit à pied soit en voiture, toujours par voie et par chemin ; de nos jours elle eut été la femme de tous les sports : oublieux des habitudes féminines de l'éducation première, son corps entrainé était d'une endurance prodigieuse : vivant d'un morceau de pain, elle passait les nuits dans un hangar, couchée sur la terre dure ; sa constitution vigoureuse lui permettait la fatigue, la faim, la soif, le mauvais temps. Inacessible à la peur, ou la rencontrait la nuit dans les chemins les plus déserts. En 1846 elle semblait sortir d'un roman de Fenimore Cooper, aujourd'hui elle serait présidente d'un club alpin.

Ses antécédents Mlle de Lamerlière en 1825 était entrée fort jeune dans le couvent des sœurs de la Providence de Corenc. Religieuse sous le nom de sœur Stéphanie de Jésus, déjà elle avait un langage mystique : maîtresse des novices, par ses sermons extraordinaires, par ses exercices exagérés de piété, par ses idées en dehors de la règle, elle inquiétait la supérieure, qui poliment un jour lui conseilla de porter ses pas ailleurs. Notons un fait important qui nous servira plus tard : c'est au monastère de Corenc qu'elle connut et qu'elle eut sous sa direction sœur Thècle installée plus tard à Corps près de la Salette comme directrice d'école.

Sortie de Corenc, Mlle de Lamerlière se fit admettre à Grenoble dans la maison de Saint-Pierre dont l'abbé Rousselot était directeur. Celui-ci eut toute influence sur sa pénitente, influence dont nous allons le voir abuser dans la suite.

Ceux qui ont connu des demoiselles bigotes jeunes ou vieilles, de celles qui refusent le mariage par dévotion, ne me contrediront pas si je parle de l'attachement extraordinaire que ces personnes, en tout bien tout honneur, ont pour leur directeur : pour elles, ce directeur est plus qu'un homme, plus qu'un frère, plus qu'un père : l'on ne sait vraiment pas si leurs longues stations dans les chapelles n'ont pas lieu pour le prêtre plutôt que pour Dieu, et si leur confession journalière n'est pas une jouissance plutôt qu'un sacrement. L'amour naturel des autres femmes pour leurs maris et leurs enfants se transforme chez elles en un amour mystique pour leur directeur ; cet amour aussi fort, aussi ardent que l'autre, ne leur permet plus de voir avec leur propre raison, mais seulement avec les yeux de celui qui les dirige ; bientôt elles n'entendent que les paroles qui sortent de sa bouche, elles ne mettent en pratique que les conseils qui viennent de lui ; leur conscience s'annihile dans la sienne, grâce à la suggestion devenue très vite complète : le prêtre peut bientôt ordonner ce qu'il voudra, sans avoir à craindre ni refus ni même légère résistance : un ordre du directeur est un ordre de Dieu.

Quelquefois la chose tourne mal et les vieilles filles passent à l'hystérie ou même à la folie. Alors elles nous font d'étranges confidences sur leur état mental ; alors leurs hallucinations reproduisent les convoitises non satisfaites de toute leur vie, et quelques-unes pendant leurs nuits agitées croient recevoir la visite de ce bien aimé directeur, objet de leurs désirs, désirs purement physiques, mais qu'elles se figuraient mystiques.

Sa vie extraordinaire La maison de Saint-Pierre où notre héroïne s'était retirée à Grenoble, n'était pas un couvent cloîtré : c'était une maison de dames pieuses à moitié religieuses, à moitié femmes du monde ; mais le peu de règles qu'il fallait suivre était encore trop pesant pour elle et elle voulut reprendre sa complète liberté.

Elle se retira à Saint-Marcellin. Comme elle n'était pas une femme comme les autres, elle refusa de se marier : devenir une bonne mère de famille, ô Sainte-Chasteté voile-toi la face ! Sa destinée dans le monde devait être bien différente et la porter au pinacle : Elle se créa un rôle de femme prophète, et comme autrefois Saint Jean-Baptiste dans les montagnes de Judée, elle parcourut les campagnes de l'Isère, prêchant aux portes des églises, dans les carrefours des villes, dans les ruelles des hameaux, partout où

elle trouvait des auditeurs simplices : déjà
elle inaugurait le mode de faire de l'armée
du Salut.

Jules Favre son avocat a dit qu'elle
avait puisé dans sa famille des traditions
d'honneur de délicatesse et de vertu, auxquelles elle fut fidèle dans tout le cours de
sa longue carrière, qu'elle s'était vouée à une
vie d'abnégation de piété et de sacrifice,
que servante des pauvres des abandonnés
des malades, elle ne consultait pour satisfaire les nobles instincts de son ardente
charité que l'élan de son cœur. Nous ne
contredirons pas l'éminent orateur sur les
vertus de sa cliente, nous l'approuverons
au contraire, mais on ne nous contredira
pas non plus, si nous disons que, son état
mental, ses tendances à l'illuminisme, ses
habitudes de prédication, son imagination
ardente, sa piété exagérée, le tour romanesque de son esprit, son air d'inspiration,

pouvaient la rendre propre au rôle de Notre Dame de la Salette.

II

Voyage de Mlle de Lamerlière

Or, il arriva ceci :

Dans les premiers jours de la chasse, en 1846, la diligence de Valence à Grenoble, recueillait à Saint-Marcellin une demoiselle d'un âge mûr, Mlle de Lamerlière. Les voyageurs étaient nombreux déjà, et force fut à la dernière venue de partager avec le conductenr et deux autres. personnes le cabriolet qui surmontait la voiture. La voyageuse avait pour tout bagage un volumineux carton dans lequel étaient renfermés ses effets ; notons ce carton, nous allons le revoir souvent accompagnant l'héroïne dans ses périgrinations. Très causeuse de sa nature, avec une parole rapide et ardente, elle fit des confidences à ses compagnons de route : sa sœur était mariée à un héros, officier supérieur dont le nom après une action d'éclat en Algérie était dans toutes les bouches ; mais elle, femme énergique et résolue, elle aspirait à une gloire plus durable et elle combinait un acte immortel dont toute la chrétienté parlerait un jour prochain !

Je tiens de la bouche d'un magistrat, M. P..., à cette époque juge suppléant à Grenoble, que le conducteur de la diligence non seulement l'avait entendue parler de ses futures prouesses, mais encore avait pu se rendre compte avec d'autres voyageurs du contenu du fameux carton. Ouvert en cours de route, il avait laissé voir la robe blanche et les accessoires qui devaient rendre muets d'étonnement quelques heures plus tard les bergers de la Salette. Coupable d'indiscrétion, le conducteur n'avait pas voulu au procès, déposer de ce fait capital, mais il en avait parlé à plusieurs et l'anecdote circulait dans le prétoire. Pour les jugeś et les gens non intéressés, il n'était pas douteux que cette personne n'eût joué un rôle capital dans l'apparition, étant donné le contenu du carton. La Demoiselle après quelques instants de sommeil reprenait ses discours, mais le conducteur ne comprenant qu'à moitié, restait ahuri des paroles enthousiastes et brûlantes de cette voyageuse, qui allait établir les bases de son immortalité au sommet des Alpes.

Arrivé à Grenoble, il remet au bureau Mlle de Lamerlière qui reprend la diligence de Corps, comme elle l'avait annoncé.

Les difficultés de l'Expédition Mlle de Lamerlière a-t-elle pu monter à la Salette facilement ? nous disons, oui. Le chemin de Corps à la Salette déja tracé et praticable, n'a que six kilomètres de longueur : de la Salette au lieu de l'apparition on a dit qu'on ne pouvait arriver qu'avec de grandes défficultés, que le chemin était dangereux, qu'il y avait des crevasses énormes et que la travercée de cette montagne pour une femme était complète- ment impossible. Il faut nous souvenir que Mlle de Lamerlière n'était pas une femme ordinaire, mais une femme au pied mon- tagnard entraînée aux marches pénibles par des voyages continuels.

D'autre part la montagne de la Salette ne renferme nulles crevasses petites ou gran- des, nulles rampes infranchissables, et si quelques-unes sont dangereuses on peut les contourner : des bergers pendant toute la bonne saison n'y conduisent-ils pas leurs troupeaux, non pas de chèvres mais de bœufs et de vaches, qui ne pourraient sans inconvénient errer sur une montagne trop escarpée ? Pendant deux années des mil- liers de pèlerins, quelques-uns infirmes des jambes, n'ont-ils pas gravi la sainte montagne sans accidents, avant qu'une route n'y fût tracée ? Aujourd'hui encore on peut facilement arriver au monastère en suivant des sentiers soit à gauche, soit à droite de la route. Donc si des témoins ont déclaré le chemin impraticable, c'est qu'ils étaient intéressés à le faire croire, mais ils n'ont pas dit la vérité.

En somme Mlle de Lamerlière a pu arriver au milieu de la nuit à Corps par la diligence de Grenoble, monter à la Salette le lendemain et se trouver à trois heures de l'après-midi sur le lieu de l'apparition, sans qu'aucun obstacle physique n'ait empêché qu'elle ne soit l'héroïne du miracle.

Il est possible que les choses se soient passées autrement, mais pour l'instant disons que pour notre héroïne l'aventure était possible et réalisable.

Pendant les jours qui ont suivi l'apparition, Mlle de Lamerlière, me dit un habitant du pays, a été vue aux alentours : dans ce temps, les étrangers n'étaient pas nombreux et on les remarquait : or que venait faire cette voyageuse inconnue dans la région ?

D'autre part, me dit-on encore, durant ce même mois de septembre, sans qu'on puisse préciser la date, quatre ou cinq fois sur la montagne on a vu errer des lueurs pendant la nuit, comme des lanternes portées par des gens qui circulaient. Or aucune habitation voisine n'expliquait ces feux nocturnes.

Apparition à Laus Quelques jours après l'apparition de la Salette, une autre apparition similaire fut tentée non loin de là, à Laus près de Gap. Dans ce lieu de pèlerinage se passa le fait suivant : une Dame, dit la chronique, s'est présentée aux sœurs de l'hôtel et a demandé une chambre isolée et indépendante. Le soir lorsque la domestique est venue lui apporter quelques aliments, elle s'est trouvée en présence de la Dame de la Salette revêtue du costume emblématique, avec le marteau et les tenailles ; cette divinité lui a annoncé qu'elle était la mère de Dieu et qu'elle continuait la mission commencée tout près de là. La domestique frappée de surprise, court et se hâte d'en faire part aux religieuses ; celles-ci se consultent et décident de se rendre à la chambre occupée par la dame mystérieuse : mais, dame et costume, tout a disparu. Les pères du Laus font prendre des renseignements dans les hôtels et aux messageries : la dame s'est évanouie.

Fortin et Mazet A Grenoble et dans les environs on commence à parler du miracle : ce berger et cette bergère qui ont vu, dit-on, sur la montagne une dame céleste dans un costume extraordinaire font l'objet de toutes les conversations.

Quelques mois s'écoulent ; or, un jour Fortin, le conducteur de la diligence, se trouve à Tullins chez un habitant du nom de Mazet ; celui-ci examinait avec sa femme des médailles de la Salette : il les montre au conducteur qui les prend, sourit et dit levant les épaules : « La Salette c'est un tour de Mˡˡᵉ de Lamerlière. » Mʳ et Mᵐᵉ Mazet qui savaient que Monseigneur avait approuvé le miracle, repoussèrent comme absurde la révélation du conducteur, et comme celui-ci persistait avec plus de force : « vous n'auriez certainement pas tenu ce langage peu chrétien si Mˡˡᵉ de Lamerlière eût été là », lui disent-ils.

Le hasard voulut que celle-ci vint en ce moment visiter la famille Mazet : « Vous voyez que je n'ai pas peur, dit le conducteur, je ne m'éloigne pas. » On rapporte dans tous ses détails les dires de Fortin et Mˡˡᵉ de Lamerlière se contente de répondre : « Il ne faut pas le croire, cela ferait du mal à la religion. »

Trois ou quatre jours après, dans la rue de Tullins, Fortin se trouve face à face avec Mˡˡᵉ de Lamerlière, il l'aborde : « nous sommes seuls aujourd'hui, lui dit-il, nous n'avons pas besoin de nous cacher, puisque je vous ai conduit ; je sais que c'est vous qui avez représenté la Sainte Vierge à la Salette?»

« Il vous est permis à vous Fortin de ne pas croire, mais laissez croire les autres ; cela fait du bien à la religion. » Depuis ce moment, elle évite Fortin et lorsqu'elle le rencontre, elle feint de ne pas le connaître ; si elle ne peut l'éviter, elle est mal à l'aise en présence de ce témoin de son exploit.

Mr Vial le greffier   A Mr Vial Greffier du tribunal de Saint Marcellin, Mlle de Lamerlière confesse un jour s'être montrée aux enfants de la Salette et leur avoir parlé. Mr Vial a répété cette déclaration à plusieurs témoins.

Le diner de St-Ursule   Le 11 janvier 1875 à Grenoble, quatre chanoines un jésuite et un abbé dînent chez Mr Lamarche aumônier des sœurs de Sainte Ursule. On parle des vifs articles que dans le journal le *Siècle* publie Mr Pelletan sur Mlle de Lamerlière, et un des convives demande pourquoi celle-ci n'attaque pas en diffamation le journaliste. M^r le chanoine

Burnoud répond: « mais Mlle de Saint Férréol est très compromettante ; lorsqu'on croit la tenir, elle vous échappe. » « Je ne comprends pas ce que vous pouvez craindre d'elle ? » riposte Mr Gillos un des chanoines. « Elle m'a avoué, » répond tristement Mr Burnoud, « et à d'autre personnes aussi, si non catégoriquement du moins avec des réticences, que c'est à son génie et à son habileté qu'il faut attribuer la Salette ; si on veut la faire parler davantage, elle répond par un léger sourire et un geste de dénégation, mais pas assez significatif pour amener la conviction. »

Ce dîner et cette conversation ont joué un grand rôle dans le procès Lamerlière-Déléon. Cet aveu, fait à l'abbé Burnoud, qu'elle avait participé à l'invention du miracle, était chose si grave que le sort de l'œuvre pouvait en dépendre. Aussi, appelé comme témoin pour redire les paroles prononcées à ce sujet, l'abbé Burnoud pour sauver la

Salette, ne craignit pas de mentir et de témoigner faussement en niant le propos ; mais le chanoine Gillos plus honnête, déclara qu'il avait entendu la phrase *substantiellement* sortir de sa bouche. En résumé, Mlle de Lamerlière ne dit pas qu'elle est l'héroïne de la salette, mais elle le laisse croire.

Le Carton — Depuis septembre 1846, Mlle de Lamerlière mène une vie nomade, mais son fameux carton ne la quitte jamais ; son costume de l'apparition sa crèche et son petit Jésns y sont contenus. Elle est sous l'empire de l'idée fixe de la Salette, elle en parle sans cesse, elle tapisse les chambres de sentences pieuses relatives au miracle, elle chante des cantiques, elle fait des prédications à ce sujet : c'est sur la Salette que se concentrent son intelligence, son énergie et son activité.

Relativement au fameux costume renfermé dans le carton nous devons citer la déposition de Mme Clavelier de Tullins : celle-ci déclare

que vers la fin de l'été de 1846, c'est-à-dire
avant l'apparition, Mlle de Lamerlière s'en
revêtit déjà. Voici ce témoignage capital :
« elle entra dans mon magasin, parla beau-
« coup selon son habitude, puis elle dit
« qu'elle allait entrependre un voyage qui
« tournerait à la gloire de Dieu et au salut
« des âmes.

« Comme je lui demandais en riant si elle
« allait prêcher une mission, ce que je vais
« faire est bien autrement important, me
« dit-elle, c'est une grande œuvre, une
« chose dont il sera parlé longtemps.

« Elle rencontra un de mes parents à qui
« elle répéta les mêmes choses en y ajou-
« tant qu'elle était *la bergère des Alpes*. Quel-
« ques jours auparavant, elle avait fait à la
« porte de l'église de Tullins après les
« vêpres, un long sermon à la foule, en ayant
« sur sa robe les instruments de la passion,
« les tenailles et le marteau, chose qui amu-
« sait tout le monde. »

XIII

Les clubs de 1848 — Arrive 1848 et la Révolution de Février, Mlle de Lamerlière vient habiter Grenoble et la voilà prise d'ambition politique : la chambre qu'elle occupe devient chaque jour le rendez-vous d'ouvriers et de militaires : Elle leur fait des sermons devant son petit Jésus dont elle se dit la mère ; plus démocrate qu'eux tous, elle, la fille de noblesse surprend ses auditeurs par la hardiesse de ses pensées socialistes et la témérité de son langage révolutionnaire.

Bientôt sa chambre ne suffit plus ; elle a son club, le club de la halle au blé ; elle y prend la parole, elle se porte candidate à la députation, c'est une sainte Théroigne de Méricourt. Sans craindre le tumulte de ces réunions, elle l'excite souvent, parfois des rires homériques remplissent la salle et des huées et des applaudissements s'y succèdent.

Elle obtient des ovations burlesques : elle est traînée en triomphe dans les rues de la ville, montée sur une charette du haut de laquelle elle pérore : « Je fais de la démocratie pour sauver la religion. J'ai reçu une mission de Dieu, je n'y faillirai pas ».

Nouvelles apparitions Mais si dans les villes il faut faire l'alliance de la démocratie et de la religion, pour sauver la foi dans les campagnes d'autres moyens sont nécessaires ; là il faut frapper l'imagination des paysans imbéciles et rien n'y contribue autant que les apparitions.

Ouvrons une parenthèse pour dire que c'est encore la manière de voir et de faire du haut et du bas clergé. Or c'est une grande faute, car si la chose réussit dans certains pays arriérés et privés d'écoles, à mesure que l'instruction pénètre ces régions et que le niveau intellectuel monte, il arrive que non seulement la nouvelle génération se débarasse de la foi en ces faits miraculeux par trop naïfs, mais encore souvent va plus loin en refusant de croire au reste, c'est-à-dire aux dogmes et aux sacrements.

« On nous a assez longtemps traité d'imbéciles, nous ne voulons plus l'être, » disent-ils.

Mlle de Lamerlière appuyée sur ces idées quitte Grenoble ; bientôt on apprend qu'à Sadières près Crest, dans une campagne écartée, deux enfants un garçon et une fille ont vu une belle dame blanche et jaune, qui leur a dit qu'elle était la dame de la Salette et qu'on avait tort de n'y pas croire.

Deux mois après, dans la commune d'Espeluches près de Montélimar (Drôme), apparaît à deux jeunes filles de la campagne la belle dame de la Salette : c'est toujours le même costume, le même langage, les mêmes prophéties.

Ces apparitions se répètent plusieurs fois : elles font du bruit, on accourt, des curés se mêlent à la foule des curieux, on attend, on passe la nuit, mais l'apparition ne se montre plus ; il y a danger dès qu'il y a foule.

Fin juillet, tout-à-coup on entend dire que sur le versant opposé de la montagne de la Salette, une belle dame est apparue à un berger et à une bergère des Périers : elle leur a fait des confidences et des révélations ; ils l'affirment à leurs parents et aux habitants du village, mais le curé reçoit un mot d'ordre : « La Salette suffit ». Il fait venir les enfants et met fin aux commérages en les menaçant de les priver de leur première communion, s'ils parlent encore. Ils se taisent et l'apaisement a lieu.

L'Hôtel de l'Embarcadère

A Grenoble, hors la porte de France, était un petit hôtel à l'enseigne de l'*Embarcadère* : il était tenu par des maîtres très probes et très simples, les époux Carat. C'était là que Mlle de Lamerlière avait établi son gîte et son centre de rayonnement : c'était là qu'elle revenait, après chacune de ses pérégrinations, se reposer de ses fatigues. Elle avait avec elle une jeune institutrice de Tures près Tullins qu'elle avait fascinée et qui avait quitté son école pour s'attacher à elle ; quatre gros chiens en outre lui servaient de gardes du corps. Tout ce ménage vivait dans une modeste chambre louée un demi-franc par jour ; une modique somme suffisait aux autres dépenses. Mlle de Lamerlière avait obtenu l'autorisation pour elle-même, non pour ses chiens, de coucher dans la remise de l'hôtel avec une pierre pour oreiller ; à côté d'elle était le carton la crèche et le petit Jésus. Le jour elle habitait sa chambre, mais à la tombée de la nuit, elle revenait trouver son lit habituel sous la remise.

Un jour l'hôtesse, intriguée de cette vie mystérieuse, lui demanda des explications. Une conversation s'engagea et comme ses hôtes ne se rendaient pas assez vite à ses raisons exposées avec une effrayante volubilité. « Vous ne savez pas » dit la voyageuse, « qui vous possédez et qui je suis ; je vais vous l'apprendre. » Le carton s'ouvre, il en sort un premier vêtement bleu foncé, dont elle se pare ; puis un second costume, rose celui-là, qu'elle porte d'un air mystique et dégagé ; la famille Carat et le personnel de l'hôtel attirés par la curiosité, croient qu'elle est comédienne et le lui disent « Vous êtes bien simple, ma chère hôtesse, attendez, » et aussitôt se dépouillant de sa robe rose elle la remplace par une robe blanche garnie d'une guirlande de fleurs argentées ; elle prend un tablier jaune à franges d'argent, un voile tenu sur sa tête par une couronne de roses, une chaîne à laquelle est suspendue un Christ ; enfin des tenailles et un marteau fixés à la ceinture révèlent tout à coup, à Mme Carat et aux personnes présentes le costume authentique de la dame de la Salette. Avec une pose étudiée, avec un ton inspiré, Mlle de Lamerlière leur parle des maux qui désolent la France, de l'impiété qui en est la cause, de la mission reçue de Dieu pour en arrêter le débordement. La famille Carat stupéfaite écoute : tout le mystère de la Salette vient de lui être dévoilé.

« Vous avez fait un péché », lui dit l'hotesse, « c'est vous qui êtes allé à la Salette ? »

« L'acte est très louable », répond l'illuminée, « car il sert la Religion ; d'ailleurs ne suis-je pas belle comme une Vierge ? »

« Belle soit, mais pourquoi à la Salette avoir figuré la Sainte-Vierge ? »

« Le bien de la Religion le voulait et Dieu
« a béni mon œuvre ; vous avez vu tous mes
« moyens de succès, comment voulez-vous
« que je ne réussisse pas toujours ? Laissez-
« moi continuer ma mission chez vous ; le
« local est favorable : je ferai foule et vous
« en aurez le bénéfice. »

La famille Carat, l'esprit bouleversé, ne voulut plus garder cette fausse Sainte-Vierge.

Sermons dans les Cabarets Mlle de Lamerlière après plusieurs mois encore de vie nomade, fixa sa résidence à Cras près de Tullins ; c'est là qu'elle continua sa vie de détraquée : elle loge dans une

chaumière avec cette enseigne sur la porte :
« Au petit Bethléem », à l'intérieur une seule
chambre avec deux lits ; sur les murs des
devises relatives à Marie et à l'enfant Jésus ;
la crèche, bœuf, âne, rien n'y manque. Dans
cette chapelle, les voisins et les habitants des
communes environnantes viennent entendre
ses discours, qui, toujours plus ou moins
ont trait à la Salette.

Quand, la curiosité lassée, on ne vient
plus la trouver, c'est elle qui va dans les
bourgades les jours de marché ou de foire ;
montée sur une table de cabaret, elle y débite
des sermons, s'exalte et gesticule comme
une forcenée ; la cérémonie finie, elle boit le
gros vin rouge avec les paysans. Dans les
intervalles des homélies, la fidèle Mariette
Bertin chante les cantiques de la Salette :
cela dure ainsi jusqu'à la fermeture du
cabaret, on rentre au logis sur la voiture
rustique d'un paysan ou à pied mêlés aux
saltimbanques de la foire.

A Cras et dans les environs, ses familiers et un grand nombre de gens ont vu son carton et son contenu ; personne en présence de ses costumes, ne doute qu'elle ne soit l'héroïne de la la Salette. Mais lorsqu'on l'interroge, Mlle de Lamerlière n'avoue qu'à moitié : toujours la même réponse ; « Croyez à la Salette, cela fait du bien à la Religion ».

Sachant que Mr de Ginoulhiac, vicaire général d'Aix en Provence, est désigné pour l'évêché de Grenoble, prise d'un beau zèle pour les habitants de la belle Provence, la voilà partie au milieu de l'hiver avec carton et crèche sous le bras.

Il faut tout dire : l'abbé Rousselot chargé de convertir à la Salette le futur évêque, avant de l'amener à Grenoble, se trouvait à Aix en ce moment : la dévote n'avait pu se tenir de suivre son directeur bien aimé : ainsi le papillon tourne autour de la lampe brillante qui l'attire par une force invincible.

Les événements que nous venons de

raconter étaient utiles à connaître, car tous concourent à démontrer que si Mlle de Lamerlière ne fut pas la force motrice dans l'aventure de la Salette, elle fut un des principaux rouages. Le « quorum pars magna fui » de Virgile peut lui être attribué.

La mentalité de Mlle de Lamerlière Nous avons dit que Mlle de Lamerlière sans être complètement aliénée était néanmoins un peu touchée par la folie : elle avait au premier degré, un délire systématisé avec les idées d'orgueil qui accompagnent d'ordinaire cet état mental.

Idées de grandeur Elle qui vit avec le peuple dans les cabarets, elle qui pérore montée sur les charettes, elle qui couche sous les remises des auberges, n'en 'est pas moins une orgueilleuse : si elle agit ainsi, c'est parce qu'elle est avide d'être admirée, même par le bas peuple.

Elle aime à se parer de ses titres de noblesse : l'abbé Déléon l'ayant nommé Mlle Lamerlière, sans la particule, elle lui en fait un grave grief par la bouche de son avocat.

Soit dans ses apparitions, soit en exhibant sa crèche, soit en prêchant le culte de la Salette, elle se dit la mère de Dieu et veut imposer cette croyance à ceux qui l'écoutent.

Le Maire de Cras A Cras, elle demande au Maire de signer un certificat libellé par elle dans ces termes : « moi, maire de Cras, je puis attester que « Madame de Lamerlière et sa fidèle sui- « vante Marie Bertin, par leurs jugements « solides leur bienfaisance et leur bon « esprit, n'ont jamais cessé un instant de « mériter l'estime et l'affection de notre « commune. Nous souhaitons à Mlle de La- « merlière de Saint-Ferréol, un signe « d'honneur. »

Aux Eaux d'Uriages Après une saison aux eaux d'Uriage, elle demande aux dames avec lesquelles elle a vécu à l'hôtel, l'attestation suivante : « Ma- « dame de Saint-Ferréol de Lamerlière a « inspiré une grande satisfaction, à toutes

« les personnes qui l'ont vue aux bains
« d'Uriage, où son admirable esprit les
« agréments de sa conversation et les char-
« mes de ses réponses ont été trouvés d'un
« jugement exquis. Au cercle et au grand
« hôtel, on a trouvé ses vêtements de fort
« bon goût, n'ayant rien d'extraordinaire
« bien que fixant l'attention, etc. »

Mlle de Lamerlière n'attend pas qu'on lui
dise qu'elle est belle, spirituelle, élégante,
son orgueil l'empêche de comprendre com.
bien ces certificats prêtent à rire.

La lettre à
Mr Pelletan

Dans une lettre à Mr Pelletan rédacteur
au *Siècle*, qui, dans ses articles combat la
Salette à outrance, il semble qu'elle soit heu-
reuse de la publicité du journal à son égard :
« Je compte sur votre courtoisie pour don-
« ner de la publicité aux épitres que j'ai
« adressées ces jours-ci à Mgr de Grenoble,
« au sujet du miracle de la Salette. Ce qui
« m'a blessé le plus, je dois l'avouer, c'est
« d'avoir été présentée comme l'agent de

« l'évêché dans l'apparition de la Salette.
« *Sachez, Monsieur, que je tiens ma mission*
« *sociale de la Providence elle-même, mais je*
« *ne saurais davantage divulguer mes secrets*
« *à un pharisien comme vous.* »

Démêlés avec l'Évêché — En effet, Mgr de Ginoulhiac voulant arrêter ses extravagances, lui avait écrit une lettre un peu sévère ; Mlle de Lamerlière révoltée avait répondu en sommant l'évêque de lui faire des excuses et le menaçant, si satisfaction complète ne lui est donnée, de l'appeler à la barre du Tribunal, « pour avoir outragé celle qui a fait refleurir et prospérer notre sainte religion. »

Parfois on faisait remarquer à Mlle de Lamerlière l'excentricité de ses costumes : le peuple l'aimait ainsi, disait-elle, et l'acclamait sous cet accoutrement. Le public s'amusait à ses dépens et voulait rire de ses robes blanches, bleues ou roses, mais elle ne le voyait pas.

Comme on le voit, ici comme ailleurs, la

folie a joué son rôle habituel dans la perpétration du miracle de la Salette. Devant un
tribunal, des médecins experts chargés
d'examiner Mlle de Lamerlière auraient con-
clu à une responsabilité limitée ; pourtant
c'est elle qui fut la principale actrice dans
l'aventure.

XIV

Le Procès C'est le moment de parler du fameux
procès de 1855 intenté par Mlle de Lamerlière aux abbés Déléon et Cartellier, avec
demande de 20.000 francs de dommages-in-
térêts, pour avoir prétendu dans leurs ouvrages que la demanderesse avait joué le
rôle de la Ste Vierge dans l'apparition.

Ce procès eut un immense retentisse-
ment : c'était en somme le miracle de la

Salette qui était en jeu et se plaidait devant la cour de Grenoble. Si Mlle de Lamerlière le gagnait, c'était l'apparition reconnue vraie par la Magistrature.

Elle le perdit.

Au Tribunal Civil L'affaire s'était présentée devant le tribunal civil présidé par M. Bertrand : le jugement du 25 avril 1855 débouta Mlle de Lamerlière de sa demande :

« Attendu, disait-il, qu'il faut reconnaître
« que les ouvrages de l'abbé Déléon et du
« curé Cartelier sont l'examen critique d'un
« fait demeuré obsbur ; que le but unique
« et honnête des auteurs a été de prou-
« ver dans l'intérêt de la vérité qui est
« aussi celui de la religion, que ce fait n'a-
« vait rien de surnaturel ; qu'ils ont voulu
« combattre ce qu'ils regardaient comme
« une erreur et en empêcher la propaga-
« tion ; qu'en cela ils ont pu croire user
« d'un droit, et remplir un devoir. Attendu
« enfin que de ce qui précède, il résulte

« que la demande de la demoiselle de La-
« merlière est dénuée de toute espèce de
« fondement vis-à-vis des ouvrages dont il
« s'agit. Par ces motifs, le tribunal déboute
« Mlle de Lamerlière de ses demandes, fins
« et conclusions, et met les défendeurs hors
« d'instance. »

Ainsi le miracle de la Salette était condamné judiciairement.

L'émoi fut grand dans le monde religieux
de Grenoble.

L'appel On fit appel et l'affaire revint devant la
cour, deux ans après, au mois de mai 1857.

Deux des avocats les plus éminents du
bareau de Paris Jules Favre et Bethmont
étaient à la barre ; un avocat distingué de
Grenoble, M. Frédéric Farconet, plaidait
avec eux.

Jules Favre Mr Jules Favre se présentait pour Mlle de
Lamerlière : il était l'avocat du Miracle. Il
le soutint avec une conviction, une vivacité,
un acharnement tels, qu'on pouvait le pren-

dre pour le plus ardent clérical de France.
Je crus un moment, en lisant sa plaidoirie,
que le Jules Favre de la Salette était un
homonyme n'ayant, sauf le nom, aucun lien
de parenté avec le Jules Favre, le député de
Paris, l'un des cinq de la chambre, le républicain libre-penseur réputé.

Il faut donner quelques preuves, car beaucoup parmi ceux qui l'ont connu, ne croi-
raient pas Jules Favre capable d'une telle
faute d'ortographe morale : « Eh bien, Monsieur » s'écrie-il, à propos de l'interdiction de
l'abbé Déléon, « c'est parce que vous avez été
« interdit que vous attaquez votre évêque ?
« Si vous étiez encore dans votre cure,
« vous vous seriez comme les autres incliné
« devant le mandement du 10 septembre
« 1851 qui ordonne de croire à la Salette
« et vous auriez bien fait ; car à moins de
« renier les principes salutaires sur les-
« quels reposent les associations, il faut
« bien reconnaître la loi d'obéissance et de

« soumission. Ce principe sacré vous l'avez
« foulé aux pieds, sans prendre garde que
« pendant plusieurs années, vous en aviez
« été le disciple et le propagateur. »

Ailleurs il dit encore : « M. Déléon a
« cloué au pilori les personnes les plus res-
« pectables, Monseigneur et le haut clergé
« de Grenoble ; ces excès cependant ont
« passé inaperçus ; je m'en étonne, et per-
« mettez-moi de le dire avec franchise, je
« regrette que le Ministère public soit
« demeuré impassible et neutre. Une classe
« toute entière, celle qui doit le plus reven-
« diquer le privilège du respect, celle qui
« doit, avant toutes les autres, donner
« l'exemple de la moralité et de la vertu, la
« classe des ecclésiastiques, était publique-
« ment dénoncée par Mr Déléon comme s'é-
« tant rendu coupable d'un acte odieux dont
« l'exploitation scandaleuse se continuait au
« mépris de la raison, au détriment des ha-
« bitants des campagnes rançonnés à la

« Salette ! Tous ces délits, disait-on, se
« consommaient à la face du ciel et avec
« l'appui de l'autorité ecclésiastique ! Le
« public et les fidèles trompés n'étaient
« qu'une marchandise indignement exploi-
« tée ! Je ne m'explique pas comment les
« ecclésiastiques diffamés n'ont pas porté
« plainte, etc. »

Jules Favre ne permettant pas à un prêtre
de discuter le mandement de son Evêque !
Jules Favre dénonçant au Parquet l'abbé
Déléon comme coupable de faire la lumière
sur la Salette, c'est à n'y pas croire !

En résumé, de toute la plaidoirie de
l'orateur républicain ressort ce fait, que
l'apparition de la Vierge non seulement n'a
pas une cause humaine, mais qu'elle est
certainement de nature divine ; s'il ne le dit
pas en propres termes, il en laisse l'impression et la conviction.

Il n'est pas permis d'être plus avocat.

Son ardeur est si grande qu'il va jusqu'à

accuser l'abbé Déléon d'avoir voulu attenter
à ses jours, puis de lui avoir volé une lettre
dans son dossier, ce qui donna lieu à l'incident suivant : Mr Bethmont : « Que la cour
« me permette de demander à Mr Jules Favre
« communication de la lettre de menace
« qu'il aurait reçue de Mr Déléon, à l'occasion
« de laquelle il a dit qu'il ouvrait sa poitrine
« assez large pour recevoir tous les dards
« qu'il plairait à Mr Déléon de lui décocher. »
Mr Jules Favre : « Je ne l'ai pas ici. Elle est
restée à Paris, » Mr Bethmont : « Je le regrette..
Mr Jules Favre : « Est-ce qu'il plairait à
« mon adversaire de me mettre en parallèle
« avec Mr Déléon ? Il est libre de le faire ;
« mais je ne suis pas homme à le supporter
« et je ne le supporterai pas. »
Mr Bethmont : « Epargnez-moi vos véhé-
« mences. J'ai besoin de cette communica-
« tion pour mon client. Je ne puis permettre
« qu'on aille jusqu'à dire gratuitement qu'il
« a menacé l'existence de mon honorable

« confrère. Ce n'est pas tout : il vient d'ac-
« cuser tout à l'heure Mr Déléon de vol : Il
« a dit que mon client avait pris une lettre
« écrite et signée par Mlle de Lamerlière
« dans son dossier ; De telles accusations
« sont intolérables : Cette épitre de Mlle de
« Lamerlière à Mgr de Grenoble m'appar-
« tient ; elle m'a été remise par Mr Pelletan
« rédacteur du *Siècle*, qui l'avait reçue de
« cette Demoiselle pour la rendre publique. »

Bethmont L'avocat Bethmont s'éleva dans son discours aux hautes régions de l'éloquence et il
laissa à la cour et au public l'impression claire
que tout avait été machiné dans l'apparition
de la Salette. Citons un passage concernant
les miracles : « Je sais enfin que toutes les
« fois que des changements s'opèrent dans
« l'Eglise, le vieil esprit français s'oppose à
« des envahissements dangereux, qui d'ail-
« leurs ne sont pas nécessaires à la prospérité
« de la religion.

« A la suite de l'apparition du 19 septem-

« bre 1846, on avait essayé de la justifier par
« des miracles. C'était une fille aveugle qui,
« ayant mis de l'eau de la Salette sur ses
« yeux avait recouvré la vue immédiatement ;
« c'était une dame paralytique depuis sept
« à huit ans qui avait subitement recouvré
« l'usage de ses jambes ; c'étaient enfin une
« foule de guérisons miraculeuses qui s'é-
« taient opérées par la vertu de l'eau de la
« Source. Est-ce un si grand crime que
« Mr Déléon, frappé de cette épidémie de
« miracles qu'on faisait partout, les discute
« l'un après l'autre, et prouve leur fausseté ?»

L'arrêt

Comme on le voit par ces diverses citations, les personnalités disparaissaient, et
c'était bien le miracle lui-même qui se plaidait devant la Cour d'Appel.

L'anxiété était grande à Grenoble et dans
toute la France ; à Paris surtout, où la
campagne ardente menée, d'un côté par le
journal le *Siècle* contre l'Apparition, et de
l'autre par le journal l'*Univers* en sa faveur,

avait surexcité les esprits. Aujourd'hui un procès dans lequel l'existence de Lourdes serait en jeu, peut donner une idée de l'animation des foules à cette époque.

L'arrêt de la cour fut un désastre pour les Inventeurs de la Salette. Il confirmait le premier jugement et condamnait l'appelante à l'amende et aux dépens : la Cour avait reconnu en Mlle de Lamerlière le personnage de l'apparition.

Le coup reçu, comme les membres du clergé diocésain étaient en grand émoi, Mgr de Genoulhiac répondit par la lettre suivante à l'arrêt de la cour, lettre ouverte à un curé publiée dans le Rosier de Marie du 4 juillet 1857.

« Tranquillisez-vous, Monsieur le Curé, « et tranquillisez vos paroissiens. Personne « ici, ni parmi les magistrats qui ont pro- « noncé l'arrêt récent dont on a fait tant de « bruit, ni parmi les gens sensés, ne croit « que c'est Mlle de Lamerlière qui a fait

« l'apparition. Il y a eu preuve évidente dans
« le cours des débats, qu'il y avait impossi-
« bilité physique que cette personne eût joué
« ce rôle, par ce fait qu'elle était le 19 sep-
« tembre 1846, à Saint-Marcellin, c'est-à-dire
« à 30 lieues de la Salette. »

Monseigneur, la vérité m'oblige à vous
interrompre pour vous dire que vous vous
trompez et que vous trompez d'un jour votre
public : c'est le 18 que Jules Favre plaida
que sa cliente était à Saint-Marcellin, c'est
le 18 qu'il fallait dire et non le 19 ; cette
rectification change bien les affaires.

Ce choc judiciaire qui renversa jusqu'au
sol la Vierge de la Salette, ne la brisa pas en
mille morceaux comme on pourrait le croire.
Comme le géant Antée qui reprenait des
forces nouvelles, lorsqu'en tombant il baisait
la terre, elle remonta vite sur son piédestal et vit accourir de nouveau la foule des
pèlerins, ni plus ni moins comme devant.
O foule aveugle, combien d'années de lu-

mière te faudra-t-il encore pour que tu puisses distinguer l'erreur du mensonge !

L'Affaire Dreyfus De nos jours, dans l'affaire Dreyfus, ne voyons-nous pas se produire un fait analogue, nouveau chapitre de la psychologie des foules ? Que l'homme soit juif, musulman ou chrétien peu nous importe ; ce qui importe beaucoup, c'est qu'on a condamné un être humain innocent : innocent, puisque sa condamnation est basée sur une pièce reconnue fausse et sur un bordereau qu'il n'a pas fait ! Innocent puisque les coupables ont avoué, l'un en se dérobant par la mort à ses juges, l'autre, celui qui n'eut le courage ni de se tuer ni d'avouer, en mettant la frontière entre lui et des gendarmes possibles.

Dans de telles conditions tout le monde devrait être unanime pour dire : « c'est un innocent qu'il faut réhabiliter ; » lorsque le soleil se lève, il n'y a qu'à ouvrir les yeux pour voir sa lumière. Mais pour la foule il n'en est pas ainsi, quelquefois elle ferme les

yeux obstinément et si la vérité s'approche
et veut lui soulever les paupières, elle les
contracte davantage et résiste aux doigts de
la déesse. Il suffit que des journaux, dans
un but politique ou autre, disent chaque
matin à cette foule : « Inutile d'ouvrir les
yeux, nous les ouvrons pour vous ! » aussitôt
une immense quantité de gens, même des
honnêtes et des bons, crient avec le journal,
« Celui-là est un traître ! »

Il en fut de même pour la Salette : les
preuves contre elle ont beau à certaines
périodes s'accumuler et saper ses fonde-
ments jusqu'à les détruire, il suffit que
l'Evêque écrive un mandement, que les curés
le prêchent dans les chaires, que les feuilles
religieuses viennent à la rescousse, pour
que les foules se remettent en marche les
yeux fermés vers la montagne sainte, sans
s'inquiéter des jugements rendus, et sans
regarder si la statue a été fêlée ou non dans
sa chute.

Les chalets
de la
montagne

Il a été dit dans le procès que Mlle de Lamerlière venait parfois habiter un chalet dans la montagne de Corps et qu'elle y avait été vue par plusieurs témoins ; son avocat a contesté la chose, prétendant qu'il n'y en avait pas dans cette région. Il n'y a pas en effet de chalets en bois, analogues à ceux de la Suisse, à ceux par exemple reproduits en miniature chez les marchands de Genève, mais on sait que, dans les Alpes du Dauphiné, on nomme chalet, la hutte basse construite en pierre, plutôt écurie qu'habitation, refuge des bergers et de leurs troupeaux : aujourd'hui encore on peut en voir un certain nombre adossé aux flancs des montagnes. Il est possible que Mlle de Lamerlière peu soucieuse de confort ait fait de l'un de ces chalets sa demeure de quelques jours ou de quelques heures, attendant le moment favorable de paraître en Vierge de l'apparition : Dans un de ces refuges transformé en cabinet de toilette, elle a pu revêtir son costume céleste. Les lueurs, aperçues dans la montagne par des habitants à l'époque de l'apparition, étaient peut-être les feux de lanterne de Mlle de Lamerlière rentrant ou sortant de son logis. Peut-être aussi Mlle Bertin sa fidèle servante, ou sœur Thècle ou quelque autre personne attachée à l'œuvre, venaient-elles pendant la nuit la rejoindre, lui apporter des aliments, et préparer l'Apparition.

Alibis Dans le procès, Jules Favre a prétendu qu'au mois de septembre 1846, Mlle de Lamerlière n'avait pas fait de voyage dans les Alpes Dauphinoises.

Il a cherché un alibi et a trouvé que, le 18 septembre 1846, veille du jour de l'apparition, un huissier de Saint-Marcellin était venu dans la matinée frapper à sa porte, et lui avait remis un papier timbré, *parlant à sa personne*, pour lui signifier un acte de procédure. La déposition de l'huissier eut lieu dix années après la remise de l'exploit et Bethmont fit remarquer à l'audience que les huissiers écrivent souvent « parlant à sa personne » en remettant le papier à un domestique ou à un voisin, sans beaucoup s'inquiéter si la personne est présente ou non ; cela était ainsi du moins il y a peu de temps encore. Mais il fit remarquer aussi que la diligence de Saint-Marcellin à Grenoble partant à 3 heures de l'après-midi, Mlle de Lamerlière avait eu le temps de prendre cette voiture, puis celle de Grenoble à Corps et d'arriver dans ce dernier bourg à 3 ou 4 heures du matin ; par conséquent d'être dans l'après-midi du 19 à la Salette ou aux environs.

Un autre alibi fut invoqué, mais comme aucune preuve sérieuse ne fut apportée pour l'appuyer, nous n'en parlerons même pas.

XV

Maintenant nous allons faire une hypothèse : lorsque nous l'aurons développée, tous les événements que nous avons décrits, tous les personnages que nous avons étudiés, tous les faits survenus dans la suite, cadreront si bien avec elle que cette hypothèse deviendra une réalité.

Cette hypothèse a pour point de départ ce mot de Mélanie au pape : « *ce fut un rôle imposé* ».

L'homme qui imposa le rôle fut l'abbé Rousselot.

C'est lui que nous accusons, après l'abbé Déléon du reste, d'avoir fait jouer la comédie de la Salette, comédie préparée d'avance dont nous allons chercher la trame et les moyens d'exécution, comédie dans laquelle nous allons retrouver les principaux personnages de ce récit ! C'est lui, caché derrière la coulisse, qui prépare la pièce, choisit les acteurs, les met en place, dirige l'action et invente la scène à faire, le clou de la grande féérie ! C'est lui qui va prendre par la main Mlle de Lamerlière costumée en Vierge du Gévaudan et la mettre en présence des deux bergers stylés d'avance.

Acteurs de la Comédie — Rétablissons les rôles de chacun dans la comédie :

Les acteurs se composent :

1° de l'abbé Rousselot, auteur de la pièce.

2° de Mlle de Lamerlière, premier rôle.

3° de Mélanie et de Maximin 2me et 3me rôle.

4° de sœur Thècle, souffleuse.

5° du Curé de Corps, l'abbé Mélin, chœur antique.

6° du Curé de la Salette, idem.

7° de l'abbé Burnoud, confident et machiniste.

Mais avant de raconter la comédie, comme elle a dû réellement se passer, étudions ces personnages l'un après l'autre et voyons s'ils peuvent entrer dans le rôle que nous leur attribuons.

XVI

L'abbé Rousselot était-il capable de cette énormité, d'inventer une apparition ? Sans parler de sacrilège au point de vue ecclésiastique, était-il homme à tromper le public dans un but de lucre, et à commettre le crime d'escroquerie religieuse ?

Nous avons vu qu'avant de prendre l'affaire de la Salette en mains, l'abbé Rousselot avait essayé à Grenoble de plusieurs entreprises commerciales : il avait donc un esprit de mercantilisme, mais avec une tournure spéciale imprimée par son métier de prêtre ; ses entreprises étaient plutôt religieuses, et c'était des poches catholiques qu'il aimait à faire sortir l'argent. La Salette entre donc dans sa manière de faire : ce sera pour lui un saint commerce qu'il va exploiter après tant d'autres : si dans ceux-ci il n'a pas réussi, il a acquis du moins une certaine expérience des affaires, et cette expérience va lui servir aujourd'hui.

Si nous étudions l'abbé Rousselot dans d'autres actes de sa vie, nous rencontrons dans ses livres des injures grossières, en français et en latin même, contre l'abbé Déléon, contre l'abbé Cartellier, contre tous ceux qui ne croient pas à la Salette, injures qu'on n'est pas habitué à entendre dans la bouche d'un prêtre : il les nomme lâches, vils pamphlétaires, infâmes calomniateurs, harpies de Virgile, sales mains qui tachent tout ce qu'elles touchent et autres aménités semblables : ces injures d'une tournure si peu chrétienne nous paraissent le fait d'une conscience troublée : Lorsqu'on a la vérité pour soi, on est plus calme d'ordinaire.

L'évêque de Grenoble, étant par son grand âge affaibli physiquement et moralement, l'abbé Rousselot abuse de sa situation de Grand Vicaire pour commettre au nom de son évêque les actes les moins honorables ; nous les avons cités en partie.

C'est à cause de lui que le clergé de ce diocèse est troublé, agité, malheureux, et que les populations ont la douleur de voir éclater un scandale inouï, se traduisant par des calomnies, des articles de journaux diffamatoires, des sermons peu évangéliques dans les chaires.

Contre l'abbé Déléon coupable d'attaquer la Salette, l'abbé Rousselot est implacable et ne laisse jamais s'éteindre sa haine ardente comme une flamme. Il éclate de fureur à mesure que paraissent les ouvrages de Donadieu et se venge en ne lui laissant ni sa cure ni sa soutane, ni son droit de messe ni son métier de prêtre.

On ne comprend pas, disait Bethmont, que tant de passions aient pu pénétrer jusque dans le sanctuaire de l'Evêché et soient allé surprendre le vieillard le plus faible, pour lui arracher des mesures de rigueur imméritées contre l'abbé Déléon.

Nous le comprenons nous !

C'est que derrière Mgr de Grenoble, nous voyons l'abbé Rousselot diriger le bras de son évêque et frapper à coups redoublés ce prêtre qu'il jette au mépris des foules comme un véritable hérétique.

On croirait entendre l'abbé Rousselot lui-même, lorsque Jules Favre inspiré par lui, traîne dans la boue l'abbé Déléon, et l'accuse de vouloir la ruine de la société : « si la paix « et le repos des familles, si la sûreté des « personnes, si l'inviolabilité de la vie privée « sont menacés, c'est grâce à l'abbé Déléon !

« L'honneur des citoyens, le respect du « sexe et de la vieillesse, les déférences et « les égards que mérite la robe ecclésias-

« tique tout fut perdu, grâce à ce bouc
« émissaire ! Contre cet abbé Déléon, il
« fallait une éclatante punition ! Contre lui
« les foudres de la justice étaient néces-
« saires, pour apprendre à ceux qui seraient
« tentés de suivre les traces de cet audacieux
« pamphlétaire, qu'il y a des vengeurs prêts
« à le frapper ! »

Quel rôle, sinon celui d'un fourbe, joua
l'abbé Rousselot dans les démêlés avec le
cardinal de Lyon ? Nous avons raconté
l'injure faite au métropolitain ! Mais peu
importe à l'abbé Rousselot d'être peu respectueux, pourvu qu'il réussisse.

A son retour de Rome l'abbé Rousselot
proclama-t-il la vérité ? publia-t-il le mot du
pape, le monde de stupidité ? il s'en garde
bien, et laisse croire à une approbation de
la Salette par le Vatican !

Mais ces deux faits, se moquer du cardinal et se moquer du pape, prouvent qu'il était

homme à se moquer de Dieu lui-même, en créant la Salette.

C'est l'abbé Rousselot qui s'entremit entre les deux évêques, l'ancien et le nouveau, pour la vente de l'évêché de Grenoble, avec stipulation de conserver la Salette ; la Salette était son œuvre, la Salette était sa poule aux œufs d'or, il ne fallait pas qu'un nouvel évêque s'imaginât de lui tordre le cou ; la poule fut conservée, l'or aussi ; l'abbé Rousselot continua d'en avoir la garde et de la faire pondre.

C'est grâce à l'abbé Rousselot que le miracle marchait à la Salette : mais cela n'allait pas assez vite, il fallait des guérisons éclatantes et fréquentes pour achalander la boutique ; l'abbé Rousselot stimulait à ce sujet l'ardeur du clergé, et à ses lettres pressantes un curé répondait : « à bientôt « un nouveau miracle ! »

C'est l'abbé Rousselot qui, lors du livre de l'abbé Cartellier et de la protestation des cinquante-quatre curés, fit peser sur le clergé du diocèse ce joug de tyrannie et de terreur, dont nous avons parlé ! ce fut lui qui courba à genou le pauvre curé de St-Joseph ! c'est lui enfin qui, au moment du coup d'état de Napoléon III, fit comprendre dans les envois à Cayenne, un malheureux prêtre son adversaire, coupable de ne pas croire au miracle !

Je crois avoir, en ramassant en un faisceau les actes publics de l'abbé Rousselot, démontré qu'il était homme, quoique prêtre, à accomplir des besognes peu honorables et que nous ne le calomnions pas, en l'accusant d'avoir ourdi le complot de la Salette, de l'avoir mis à exécution à l'aide de complices, et plus tard d'avoir protégé son œuvre par des moyens coupables.

Si l'abbé Rousselot resta maître du champ de bataille, si l'abbé Déléon finit par tomber à terre la bouche close, si les membres du clergé acceptèrent le joug du silence, si aucune voix n'empêcha plus les fidèles de croire, si les troupeaux de moutons gravirent en foule la montagne et allèrent offrir avec leurs bêlements de prières, leurs grasses laines aux ciseaux des tondeurs, cette victoire ne fut pas honnêtement gagnée et cet abbé Rousselot doit être flétri comme homme et comme prêtre.

Entre l'abbé Rousselot et l'abbé Déléon, entre le vainqueur et le vaincu, il y a toute la distance qui sépare le mensonge de la vérité, qui sépare la fourberie de la loyauté, qui sépare l'âpreté au gain du désintéressement, qui sépare la foi véritable de la foi mercantile. *Causa diis placuit, sed victa Catoni.*

Etudions maintenant les figures que cet homme fort va faire mouvoir pour produire l'apparition de la Salette.

XVII

Le rôle de Mlle de Lamerlière

L'abbé Rousselot trouva en Mlle de Lamerlière la personne qui convenait pour la pièce à jouer ; peut-être même fut-ce parce que Mlle de Lamerlière était détraquée, qu'il songea à l'employer pour commettre la Salette : c'est ainsi que les auteurs dramatiques composent parfois un drame pour une grande artiste, c'est ainsi que Victorien Sardou fit la *Tosca* pour Sarah-Bernhardt.

Directeur de la noble demoiselle depuis de longues années, le grand vicaire avait pétri son esprit selon ses vues ; il savait qu'avec elle aucune trahison n'était à craindre, qu'elle aurait la bouche fermée si on lui persuadait que l'œuvre était faite pour la gloire de Dieu.

Une autre femme aurait regardé à deux fois à s'habiller avec la robe blanche et le théâtral costume ; elle aurait rougi, hésité, s'en serait défendu peut-être : pour Mlle de Lamerlière, au cerveau semblable à celui de ces folles qui s'embellissent avec des plumes et des objets brillants, c'était une bonne, fortune que ce costume extravagant de Reine du ciel dauphinoise.

Sans doute l'abbé Rousselot aura essayé plus tard de faire disparaître le carton compromettant, mais ceux qui connaissent les détraqués, savent combien une idée ancrée dans leur cerveau est tenace ; ils savent qu'un malade est capable de porter des années sur la tête une plume de coq, même lorsque défraîchie, celle-ci arrive au dernier degré de misérable loque.

Il en fut de même pour Mlle de Lamerlière : une fois lancée sur les routes du Dauphiné avec ce costume insensé qui cadrait si bien avec ses idées romanesques et mystiques, elle eut l'impulsion de se montrer en divers lieux : de là ses apparitions dans l'Isère et

les départements limitrophes, de là ses exhi-
bitions multiples, de là aussi l'ordre donné
par l'abbé Rousselot aux curés du diocèse,
d'étouffer toutes les apparitions où le tablier
jaune à franges d'argent jouerait un rôle.
Mais la disparition complète n'a lieu que bien
plus tard, lorsque l'abbé Déléon pour la
première fois parle du carton et de son
contenu.

Peut-être un jour se retrouvera-t-il ce
costume historique ? Peut-être sera-t-il un
des objets de curiosité du musée de Gré-
noble ; il manque encore à ses collections
ethniques.

Pour l'abbé Rousselot, Mlle de Lamerlière
avait d'autres qualités très importantes.
D'abord, elle n'aimait pas l'argent, ou du
moins elle s'en souciait médiocrement. Le
pain de chaque jour lui suffisait, elle ne vien-
drait donc pas plus tard, avec des exigences
exagérées, recourir à sa bourse ; d'autre
part, son amour spirituel pour son directeur

la ferait se soumettre à ses ordres, mouvoir à sa guise, ouvrir ou fermer la bouche à sa volonté, devenir enfin une chose complètement à sa dévotion.

XVIII

Sur sœur Thècle, nous n'avons que peu de renseignements, nous savons pourtant un fait capital : Mlle de Lamerlière l'avait eue comme novice au couvent de Corenc et avait conservé avec elle des relations d'amitié. C'est elle qui la présenta à l'abbé Rousselot lorsque celui-ci eut besoin d'une personne dévouée. Sœur Thècle était une religieuse pleine de malice, m'écrit-on de l'Isère, peu digne de diriger une école, car si elle s'occupait des enfants des riches, elle négligeait les enfants des pauvres, mais ces défauts importaient peu au grand vicaire qui réclamait d'elle autre chose.

Si sœur Thècle fut placée à Corps comme directrice de l'école chrétienne, c'est qu'il fallait là, au centre de l'intrigue, une personne inféodée à l'œuvre : dans son couvent devaient se cacher les différents personnages de la comédie ; là devaient avoir lieu les répétitions de la scène à faire ; là devaient rentrer ou sortir au moment opportun les acteurs de la pièce.

Pour prouver que Mlle de Lamerlière n'était pas venue à la Salette, son avocat Jules Favre dans sa plaidoirie dit ceci : « la chose est « impossible : la diligence arrive au milieu « de la nuit ; or ma cliente n'est pas descen- « due à l'hôtel, la chose est prouvée : elle « n'a pu aller sur la montagne au milieu des « ténèbres par des sentiers dangereux ; si « on ne l'a vue nulle part, qu'est-elle de- « venue ? »

La présence de sœur Thècle au couvent

de Corps n'explique-t-elle pas cette disparition subite de Mlle de Lamerlière, lorsqu'elle
descend de la voiture de Grenoble ? c'est à
quelques mètres du relais qu'elle va se
réfugier ; c'est dans l'école des sœurs qu'elle
reçoit l'hospitalité, c'est sœur Thècle qui
vient lui ouvrir la porte.

N'approchons-nous pas de la vérité, si
nous disons que dans ce couvent débarrassé
de ses écoliers, Mlle de Lamerlière a vécu
pendant la semaine qui précéda l'apparition
et pendant la semaine qui la suivit? Elle était
arrivée dans les premiers jours de la chasse
a déclaré Fortin, nous l'avons vue à Corps
et dans les environs pendant le mois de
septembre, me dit un vieux paysan.

La présence de sœur Thècle dans le couvent de Corps rend clair tout ce qui parais-
sait obscur dans le voyage de Mlle de Lamerlière.

XIV

Les deux enfants, les bergers du miracle Mélanie et Maximin, habitaient Corps et non la Salette.

Pendant le reste de sa vie, nous verrons Mélanie, toujours un peu détraquée. Il est probable qu'elle eut dès sa jeunesse quelques dispositions à l'illuminisme qui la rendirent très propre à devenir un bon sujet pour la pièce future. Comme nous le dirons aussi, elle était de nature hystérique dans le sens médical du mot, par conséquent susceptible d'être mise et entretenue en un véritable état de suggestion.

Maximin fils d'un forgeron du village était un enfant de huit ans très éveillé, menant la vie de gamin mais nullement celle de berger. Il n'avait pas de frère, ni malade ni bien portant, il n'avait donc pas à le remplacer chez le fermier Selve, comme le dit la chronique religieuse.

Il était du reste beaucoup trop jeune pour faire ce métier de berger sur les hauts sommets des Alpes, métier qui est rempli par des hommes âgés et vigoureux et non par des enfants et des jeunes filles. J'ai voulu savoir en effet si des femmes ou des enfants gardaient des troupeaux sur la montagne, on m'a répondu par la négative. Si on voit des bergères ayant l'âge de Mélanie garder quelques vaches laitières, c'est non loin du village qu'on les trouve.

Il est évident que Maximin et Mélanie étaient de faux bergers, des bergers de comédie amenés à la Salette pour les besoins de la cause.

Ces deux enfants furent chargés de redire au public la tirade du discours prophétique : mais, malgré de nombreuses répétitions, ils mêlèrent aux phrases pompeuses de leur rôle, les inventions grossières de leur imagination villageoise.

Le rôle de l'abbé Mélin L'abbé Mélin, le curé de Corps, fut placé dans ce poste de combat par son vicaire général ; c'était un sous-ordre excellent, damné corps et âme, a-t-on dit, à l'abbé Rousselot : il est de notoriété publique que, pendant la deuxième semaine qui suivit l'apparition, il réunit à sa table les curés du canton et leur parla du miracle. Comme la foi ne venait pas, il conclut ainsi : « que l'ap-« parition soit vraie ou fausse, cela peut faire « beaucoup de bien aux âmes et surtout « beaucoup de bien au pays ; laissons aller « les choses ; cela attirera des étrangers « ici ». Le propos fut tenu devant un habitant laïque de Corps, qui le répétait fréquemment, en appuyant du reste la manière de voir de son curé.

L'abbé Mélin ne tarda pas à exploiter la Salette de toutes façons.

Après qu'il eut débité aux fidèles en minuscules morceaux le bloc de rocher qu'il avait emporté du lieu de l'apparition, il se livra à la vente de l'eau de la Source : il avait obtenu ce privilège en payement de ses bons et loyaux services. Chaque semaine un voiturier montait à la Montagne et remplissait une bordelaise d'eau miraculeuse que M^r le Curé mettait en bouteilles et qu'il cachetait lui-même. Sans préjugés, il vendait à beaux deniers comptants cette eau dont il connaissait mieux que personne la composition extra naturelle. Il devint riche à ce métier, mais sut borner ses désirs et s'arrêter lorsqu'il eut en poches 80.000 francs. Peut-être ce chiffre ne comporte-t-il qu'un simple péché véniel et cet homme pieux ne voulut-il pas commettre le mortel en allant jusqu'à 100.000. Puis plus tard il quitta son chef-lieu de canton, pour aller revêtir le camail de chanoine dans la cathédrale de Grenoble. La vertu est toujours récompensée.

Le curé de la Salette, également choisi

par l'abbé Rousselot, se chargea dans sa sphère de préparer et d'aider au miracle ; ce curé, homme pieux, mais d'un esprit étroit devait facilement être persuadé qu'un événement religieux de cette importance survenu dans sa montagne serait non seulement utile à l'église, mais que de plus une certaine gloire rejaillirait sur lui, pasteur ignoré, devenu le curé d'une paroisse célèbre dans le monde entier.

Le curé de la Salette a dû jouer un rôle dans le placement de Maximin et de Mélanie chez le fermier Selve. Il était facile de trouver une raison plausible, pour demander à un habitant de prendre pendant quelques jours ces deux enfants comme bergers.

Le rôle de l'abbé Burnoud

L'abbé Burnoud était l'homme de paille de l'abbé Rousselot : d'abord directeur du monastère de Corenc, ce nid de l'intrigue, il devint plus tard le Prieur des pères de la Salette : si l'abbé Rousselot doit endosser en partie la responsabilité des faits et gestes de l'abbé Burnoud, celui-ci n'est pas moins coupable d'avoir obéi à des ordres injustes : l'abbé Burnoud, nous l'avons dit, avait menti en imprimant et publiant la rétractation explicite et complète de l'abbé Cartellier : de plus devant le tribunal il avait été faux témoin, en niant les propos tenus chez l'aumônier de Ste-Ursule.

Aucun document ne parle de l'abbé Burnoud ; mais il était trop lié au grand vicaire, trop mêlé à l'affaire, trop récompensé plus tard, pour n'avoir eu aucun emploi dans la pièce ; il a dû servir de lien entre l'abbé Rousselot et les autres acteurs, circulant autour des principaux personnages et dirigeant avec son zèle ardent toute la machinerie de la féerie.

Tels sont les divers personnages que l'abbé Rousselot amena soit à Corps soit à la Salette pendant le mois de septembre 1846 pour mener à bien son miracle.

XX

Jusqu'à présent nous avons fait un travail d'analyse : non seulement nous avons étudié à part chaque événement, mais encore nous avons disséqué, pour ainsi dire, chacun des acteurs jusqu'au fond de l'âme.

Nous allons faire, maintenant, un travail de synthèse : nous allons reconstituer le mystère de la Salette, non plus en racontant les faits, comme au début, d'après les narrations les dépositions et les livres de ceux qui avaient un intérêt quelconque à propager le miracle, mais en basant notre récit sur la connaissance exacte des personnages et des événements.

Ce sera l'hypothèse dont nous avons parlé mais lorsqu'une hypothèse renferme dans son cadre tous les événements, et qu'elle tient compte du caractère invariable des personnages, on peut dire d'elle, que si elle n'est pas la certitude absolue, elle se rapproche au moins de la vérité autant que possible.

Reconstitution de l'Apparition Voici les faits reconstitués tels que nous les comprenons.

L'abbé Rousselot, à court d'argent et pressé par ses créanciers, avait l'esprit préoccupé de trouver des fonds. Un jour, à un pèlerinage, à celui de Laus peut-être, il vit la foule dévote apporter l'or à pleines mains aux pieds de la Vierge ; il se demanda si, dans l'Isère, on ne pourrait pas avoir quelque part un lieu saint, capable de détourner, au profit du diocèse de Grenoble, les processions fructueuses des fidèles.

Un jour de Fête-Dieu il remarque sa pénitente Mlle de Lamerlière : vêtue d'une robe blanche, couronnée de roses malgré son âge avancé, chaussée de souliers de satin blanc, elle marche derrière la bannière, exaltée de sentiments pieux, les yeux levés au ciel, les pieds effleurant le sol, la bouche pleine de litanies chantantes.

Une lumière subite se fait jour dans l'esprit du prêtre : telle qu'elle était vêtue en ce jour solennel, avec quelques accessoires pour accentuer son caractère sacré, Mlle de Lamerlière pouvait admirablement représenter Marie aux yeux d'enfants naïfs. Puis se remémorant le caractère les qualités et aussi les défauts de la vieille fille, il comprit qu'il avait trouvé son principal acteur.

Dès lors un plan se dessine dans sa tête, plan qu'il met bien vite à exécution : une apparition se fera et ce sera Mlle de Lamerlière qui aura le rôle de la Sainte-Vierge.

Il va trouver la pieuse fille et dans des conversations longues et passionnées où la suggestion naturelle joue un rôle, il l'exalte de paroles éloquentes qu'elle boit sur les lèvres de son directeur bien aimé ; il lui explique que dans les campagnes on se refroidit pour la religion et qu'il est nécessaire de surchauffer le zèle des paysans. Si dans le diocèse de Gap les gens pratiquaient mieux leurs devoirs religieux, c'est qu'ils avaient deux lieux de pèlerinage très fréquentés : si à Lyon les habitants étaient pleins de foi, c'est Notre-Dame de Fourvières qui étendait ses mains pleines de grâces sur la cité. Il fallait que l'Isére eût de même son lieu de pèlerinage ; quelle action pieuse ce serait d'en établir un et de l'établir de suite, sans attendre un véritable miracle ! Dieu et la Vierge non seulement touchés du but qu'on se proposait pardonneraient ce pieux subterfuge, mais encore combleraient de leurs faveurs celle qui accomplirait cette grande œuvre.

Lui, le grand vicaire général, le représentant de l'évêque de Grenoble, un jour qu'il priait, avait reçu du ciel l'inspiration d'établir un tel pèlerinage et le Saint-Esprit lui avait murmuré aux oreilles un chaste et noble nom, le sien, pour l'aider dans son entreprise ;

c'est elle qui, parmi tant de vierges du diocèse, était choisie pour accomplir cette œuvre sainte, source de bénédictions intarissables. Dans le ciel une place privilégiée, serait sa glorieuse récompense.

Mᶫᶫᵉ de Lamerlière, facile à la suggestion, n'ayant d'yeux, d'oreilles, et de sentiments que pour son bien-aimé Directeur, fut remplie d'une joie exultante à la pensée de représenter la Vierge Marie.

Dès lors, certain que sa principale actrice marcherait et remplirait son rôle à souhait, l'abbé Rousselot choisit ses autres aides : sœur Thècle fut amenée du couvent de Corenc au couvent de Corps comme diréctrice. L'abbé Gérin fut nommé curé de canton de ce même bourg ; un prêtre dévoué fut désigné pour la cure de la Salette.

On chercha et on trouva les deux enfants aptes à remplir le rôle d'auditeurs. Dans l'école vide, sœur Thècle les fit venir et les prépara au rôle qu'ils devaient remplir.

Quatre jours avant l'apparition, on les conduisit à la Salette chez le fermier Selve, mais dans un tout autre but que de garder des troupeaux.

Tous les acteurs étaient prêts, stylés, chauffés, convaincus, suggestionnés : il ne s'agit plus que de jouer la pièce.

L'abbé Rousselot frappa les trois coups et le rideau se leva. Une belle dame couverte d'un costume hétéroclite parut sur la scène et attendit assise, dans l'attitude de la douleur, l'entrée du petit Maximin et de la jeune Mélanie. Lire plus haut l'acte entier, la prophétie, et les suites de l'aventure.

Le lieu de l'apparition

Où se joua-t-elle cette comédie ?

Est-ce, comme on l'a dit, sur le haut sommet près du ruisselet où s'élève la Basilique ?

Fut-ce dans un endroit de la montagne moins éloigné et moins élevé, par exemple dans un des chalets de pierre dont nous avons parlé ?

Fut-ce dans la propre maison du curé de la Salette ?

Fut-ce moins loin dans le couvent même de sœur Thècle à Corps.

Est-ce ailleurs enfin ?

L'endroit précis nous ne le savons pas. Seule, Mélanie pourrait encore nous le dire, si les surveillants dont elle est entourée ne l'empêchaient de parler.

Il est probable qu'elle fut jouée plusieurs fois et en plusieurs endroits pour bien apprendre aux enfants ce qu'ils auraient à répéter plus tard.

Peu nous importe du reste, c'est une question secondaire.

Si les bergers déclarèrent que la Vierge s'était montrée à eux, à l'endroit du sanctuaire actuel, c'est que l'abbé Rousselot avait choisi cet emplacement comme le plus convenable pour y construire les vastes bâtiments qu'il rêvait, c'est qu'à cette place jaillissait une source qu'on exploiterait comme eau bénite et curative ; c'est que ce plateau, d'un accès relativement facile, était admirable comme site Alpin et pouvait attirer même les voyageurs n'ayant pas des sentiments exagérés de piété.

Ce qu'il y a d'important et de grave le voici, rappelons-nous : Mlle de Lamerlière avant le 19 septembre 1846, jour de l'apparition, avait exhibé le costume de la Salette à la porte de l'église de Tullins. Dans les premiers jours de ce mois de septembre 1846, elle l'emportait avec elle à côté de Fortin dans la diligence de Saint-Marcellin à Grenoble. A la fin de ce même mois, à Laus et dans d'autres localités, une Dame céleste vêtue du même extravagant costume, apparaissait soit à une bonne d'hôtel, soit à des enfants ouvrant de grands yeux. Si donc vers le 19 septembre 1846, Mélanie et Maximin ont rencontré sur la montagne ou dans les environs, dans un chalet ou dans une chambre de curé, une Dame habillée de blanc et de jaune, d'argent et d'or, de tenailles et de marteau, c'est Mlle de Lamerlière qui s'est montré à leurs yeux : c'est elle la Notre Dame de l'apparition, à moins qu'elle n'ait prêté à la Sainte-Vierge le contenu de son carton ?

C'est ainsi que l'abbé Rousselot fit jouer sa pièce-féerie le 19 septembre 1846.

Incrédulité des Bergers Mais ni Mélanie ni Maximin, les deux enfants, n'en furent les dupes : ils comprirent fort bien que Mlle de Lamerlière était déguisée et qu'elle n'était pas la Sainte-Vierge ; aussi lorsqu'ils racontèrent l'apparition ils dirent : « nous avons vu une belle dame », ils ne dirent pas : « nous avons vu la Ste-Vierge ». Ce sont les curés de la Salette et de Corps, ce sont l'évêque de Grenoble et son grand vicaire qui expliquèrent aux fidèles que cette belle dame ne pouvait être que la mère de Dieu. Lorsque Maximin et Mélanie avouèrent plus tard qu'ils n'avaient rien vu de miraculeux et qu'on leur avait imposé un rôle, ils disaient la vérité ; s'ils parlèrent ainsi, malgré leur promesse de ne jamais rien révéler, c'est que troublés, ils avaient été incapables de mentir, devant le Maire de Corps, devant le curé d'Ars, et devant le pape Léon XIII, personnages pour eux considérables qui les remplissaient d'émois.

Sauf dans ces trois circonstances, ils gardèrent un religieux silence sur la perpétration du Miracle, et ce fut, pour les inventeurs un résultat suffisant pour atteindre leur but.

Autre Hypothèse Il se peut que Mélanie hors de la présence de Maximin, soit dans le couvent de sœur Thècle soit ailleurs, ait vu une ou plusieurs fois M\ue de Lamerlière habillée en Reine du ciel et ait appris de sa bouche la prophétie à répéter, puis que, sur la montagne à l'endroit choisi, elle ait fait la leçon au petit Maximin : « nous dirons cela et encore cela » en lui mimant la scène qu'elle venait de voir autre part et en lui décrivant l'habillement de la fausse Sainte-Vierge. Les enfants de cet âge ont assez de penchant à mentir et à jouer la comédie pour que le gamin se soit prêté avec plaisir au rôle qu'il devait prendre. Cette hypothèse expliquerait la façon différente de se rétracter des deux enfants : Mélanie déclare que « c'est un coup monté, un rôle « imposé ; » Maximin au contraire dit : « je « n'ai rien vu, absolument rien vu. »

L'apparition faite et lancée, l'abbé Rousselot employa tous ses efforts pour la faire admettre comme une réalité. Il fut à ce moment le grand organisateur de la victoire, se servant tour à tour de la débilité sénile de son Evêque, de l'amour du lucre d'une partie de son clergé et de l'habitude d'obéissance de l'autre, de l'intérêt des populations admises à bénéficier du miracle, de la peur de l'Interdiction et de l'Excommunication chez quelques-uns, enfin du besoin de merveilleux qu'éprouvent les esprits peu ou non cultivés.

Il arriva à ses fins.

Losqu'il mourût, il avait vaincu tous ses

adversaires ; il avait obtenu le silence de la critique autour de la montagne ; des four-milières de pèlerins avec une foi pleine et entière montaient chaque jour au sanctuaire, tandis que par centaines des caisses d'eau miraculeuse en descendaient pour être vendues au monde entier.

XXI

Les deux Bergers Que deviennent les deux bergers Maximin et Mélanie ? Hélas, le miracle fût pour eux le plus grand des malheurs. Immédiatement après la pseudo-apparition on les enferma dans le couvent de la Providence de Corps tenu par sœur Thècle. La Vierge par son contact, disait-on, avait fait de ces deux en-fants des petits saints qui ne devaient plus être souillés par la matérialité de la vie ordinaire. Là, commence leur éducation religieuse, cela veut dire qu'on travaille à leur persuader de ne dévoiler jamais le mystère de La Salette.

Après quelques années, comme dans le village ou dans les environs habitent les familles et les amis des deux enfants, comme de nombreux pèlerins demandent à les voir et à les interroger, on craint qu'un jour ils ne trahissent le mystère : du reste c'est toujours Maximin plus naïf et mieux dressé qu'on exhibe aux voyageurs, Mélanie beaucoup moins, seulement dans les cérémonies et les processions où on peut la voir de loin sans l'entendre. Mais malgré toutes les précautions des indiscrétions se produisent, il y a danger, on les sépare et on les envoie au loin.

L'odyssée de Mélanie — D'abord Mélanie est placée au Couvent de Corenc : sœur Thècle et Mlle de Lamerlière ont été sœurs dans ce cloître : le vicaire général y est tout puissant : l'abbé Burnoud en est en ce moment le directeur ; Mélanie y est bien gardée, tenue en charte privée, cachée aux yeux du public profane ; Cette séquestration chez une jeune fille habituée à vivre au grand air, le trouble de conscience produit par son mensonge quotidien, la privation du mariage et de la maternité chez un corps jeune et robuste, vont amener chez la pauvre fille la maladie hystérique. Il n'y a aucune observation médicale faite à ce sujet, mais le peu que nous savons ne nous laisse aucun doute sur son existence. On va le voir du reste.

A Corenc, un jour ne prétend-elle pas que la Sainte-Vierge continue à la visiter et à lui annoncer l'avenir ? La voilà qui se met à prophétiser : elle lit dans le ciel des mots fatidiques semblables au *Mané*, *Thécel*, *Pharès*, et elle déclare que la capitale de la France va être anéantie, comme autrefois Ninive.

Séjour à la Grande Chartreuse En 1853, la maladie s'accentue accompagnée de symptômes étranges, Mélanie est conduite à la Grande-Chartreuse. Le révérend Père supérieur l'interroge, l'observe et

Enfin en 1902, Mélanie revient encore : son troisième sermon sur la montagne dure plus d'une heure. Ce jour-là publiquement elle renie l'ancienne prophétie avec les histoires des pommes de terre pourries et autres insanités semblables, mais elle révèle d'autres prétendus secrets.

Eclosion d'apparitions On nous a remis des journaux petites feuilles religieuses où des publicistes se servent des racontars de Mélanie devenue fabricante et négociante en miracles, pour démontrer que la Vierge continue à se manifester sur la terre dans de fréquentes apparitions. Il semble qu'à Messine, elle ait un jardin planté de choux, sous les feuilles desquelles éclosent les petites Vierges-Maries, au lieu des bébés roses habituels : nous ne la suivrons pas dans cette phase nouvelle de parturition, il nous suffit de l'avoir étudiée comme héroïne de la Salette. Notons cependant ce fait de névrose que nous retrouverons à Lourdes chez Bernadette : Mélanie a vu un jour Mlle de Lamerlière déguisée en Sainte-Vierge, cette image réelle en frappant son cerveau une première fois s'y est profondément incrustée ; depuis c'est cette même image qui se reproduit sous forme d'hallucinations de la vue.

Nous terminons ici la vie de Mélanie ; façonnée à la fourberie par de longues années de suggestion, elle est ce qu'on l'a faite ; il faut avoir pitié d'elle comme d'une pauvre créature non entièrement responsable, réservant notre indignation à ceux qui l'ont pétrie en être immoral et maladif dans un but honteux de lucre.

<h2 style="text-align:center">XX</h2>

Maximin.
Effet de la
Suggestion Chez Maximin, comme chez Mélanie, du reste, il y eût après l'apparition, pendant quatre années, un travail de suggestion non

interrompu et non contrecarré. Pour parler comme le docteur Bénet-Sanglé, les neurones du cerveau des deux enfants ne reçurent qu'une seule empreinte, celle du miracle ; ce furent toujours les mêmes ondulations nerveuses, sermons sur La Salette, images de La Salette, pensées concernant La Salette, qui, semblables à des vagues, enveloppèrent et noyèrent leur système nerveux central. Jamais pendant les longues années qui suivirent, une instruction profane, une contradiction laïque, une réflexion venue du dehors, ne vinrent apporter des ondulations contraires pouvant produire, par comparaison, la compréhension de la vérité.

La crainte s'unit à la suggestion : on leur défendit de réfléchir sous peine de péché mortel, on les menaça des supplices de l'enfer s'ils ne confirmaient l'apparition, on enferma dans leur cerveau cette seule pensée : « La Salette fait du bien à la religion »; alors les neurones intéressées rétractèrent leur prolongement comme une tortue effrayée rétracte sous sa carapace ses pattes et sa tête, et la communication avec les neurones environnantes ne s'établit jamais.

Si la suggestion peut prendre un certain empire sur des cerveaux qui, grâce à l'hérédité, se développent et vont devenir intellectuels, combien cette suggestion ne s'imprime-t-elle pas plus fortement dans les têtes de paysans grossiers qui n'ont hérité de leurs ancêtres que de circonvolutions cérébrales obtuses et qui pendant leur propre jeunesse n'ont jamais reçu qu'un enseignement rudimentaire !

On comprend ce qui arriva du cerveau de Maximin travaillé par des mains expertes. Comme on fait réciter aux enfants du catéchisme les mystères les moins compréhensibles de la Religion, de même on lui grava dans le cerveau le miracle et la prophétie, et on l'entraîna à les raconter comme une leçon apprise par cœur.

Celui qui écrit ces lignes, s'il lui est permis de se confesser ici, ne peut de-même complètement débarasser son cerveau des enseignements du premier âge, bien qu'ayant perdu la foi depuis de longues années, bien que ne cessant jamais de s'occuper de questions religieuses et philosophiques, et si, par exemple, on parle devant lui du péché originel ou de tout autre mystère, c'est l'enseignement reçu dans l'enfance qui tout d'abord surgit de son esprit. Il faut que la raison s'en mêle pour écarter ces pensées et remettre les choses au point. On s'explique ainsi les conversions ultimes de ces grands esprits, de ces philosophes célèbres, de ces savants réputés, qui, à l'article de la mort, voient leur raison s'endormir dans leur cerveau affaibli, alors que les suggestions de l'enfance reprennent possession de leurs facultés anémiées.

Ne pensez pas, lorsque nous parlons des foules devenues croyantes par entraînement suggestif, chacun imitant subitement son voisin, comme si au contact il recevait de lui une décharge électrique, ne pensez pas, dis-je, que nous n'avons en vue sous ce nom de foules que des gens illettrés, des propriétaires de cerveaux à peine dégrossis, des êtres incapables de raisonner. Non ! sous cette dénomination sont compris certains intellectuels, certains lettrés qui savent lire et comprendre, et voire même des écrivains réputés, philosophes ou savants, mais qui, tous, se laissent rouler dans la vague suggestive comme les plus simples mortels.

Comme exemple de ce fait, je citerai ce qui arriva à Mgr Dupanloup, le célèbre évêque d'Orléans qui, au milieu du XIXe siècle, par ses goûts littéraires, sa retentissante éloquence, son grand savoir dogmatique s'était mis à la tête de l'Episcopat français et même du parti catholique. En 1848, il vint à la Salette au moment où les foules montaient en grand nombre au sanctuaire avec une foi ardente et criaient à ses oreilles : « c'est un miracle » ; suggestionné, il crut au miracle.

Voici sa lettre à un de ses amis :

« Bien que ces enfants me déplussent extrê_mement avant leur récit, et aient continué de me déplaire après, je dois avouer que, tout en le récitant, ils le firent l'un et l'autre avec une simplicité, une gravité, un sérieux, un certain respect religieux, dont le contraste avec le ton toujours vulgaire et habituelle-ment grossier du petit garçon, avec le ton habituellement maussade de la petite fille, me frappa très particulièrement.

« Ils deviennent même tout-à-coup si graves, si sérieux ; ils prennent comme involontairement quelque chose de si singu-lièrement simple et ingénu, quelque chose même de si respectueux pour eux-mêmes, en même temps que pour ce qu'ils disent, qu'ils inspirent aussi à ceux qui les écoutent et leur imposent une sorte de crainte reli-gieuse pour les choses dont ils parlent, et une sorte de respect pour leurs personnes. J'ai éprouvé très constamment, et quelquefois très vivement ces impressions, sans cesser toutefois un moment de les trouver des enfants très désagréables.

« Je place ici une observation qui se rapporte à ce que je viens de remarquer : lorsqu'ils parlent du grand événement dont ils se prétendent les témoins, ou bien qu'ils répondent aux questions qu'on leur adresse à cette occasion, ce respect singulier pour ce qu'ils disent va si loin, que quand il leur arrive de faire quelqu'une de ces réponses véritablement étonnantes, parfaitement inattendues, qui confondent les interrogateurs, coupent court à toutes les questions indiscrètes, résolvent simplement, profondément, absolument, les plus graves difficultés, ils n'en triomphent en rien. On est quelquefois stupéfait ; pour eux, ils demeurent impassibles. Le plus léger sourire ne vient pas seulement errer sur leurs lèvres.

« Du reste, ils ne répondent jamais aux questions qu'on leur adresse que de la manière la plus simple et la plus brève. La simplicité est quelquefois rustique ; mais la justesse et la précision sont toujours extraordinaires.

Dès qu'il s'agit du grand événement, ils ne paraissent plus avoir aucun des défauts ordinaires de leurs âge : surtout ils ne sont en rien conteurs et bavards.

« Le fait certain est qu'ils n'ont, ni l'un ni l'autre, absolument aucune envie de causer de l'événement qui les rend cependant si célèbres.

« D'après tous les renseignements que j'ai recueillis sur les lieux, ils n'en causent jamais inutilement avec personne, ni avec leurs petits camarades, ni avec les religieuses qui les élèvent, ni avec les étrangers. Quand on les interroge, ils répondent, ils disent le fait simplement, si c'est le fait qu'on leur demande ; donnent simplement la solution, si

c'est une difficulté qu'on leur propose ;
n'ajoutent rien à ce qui est nécessaire et ne
retranchent rien non plus. Ils ne refusent,
du reste, jamais de répondre aux questions
qu'on leur adresse, mais on ne peut venir à
bout de les faire parler au-delà d'une certaine
mesure. Vous aurez beau multiplier les
questions indiscrètes, leurs réponses ne l'est
jamais. La discrétion, la plus difficile de
toutes les vertus, leur est naturelle (sur ce
point seulement), à un degré inouï. On a
beau les presser, on sent en eux quelque
chose d'invincible, dont ils ne se rendent
pas compte à eux-mêmes, qui repousse tous
les efforts, et qui se joue involontairement et
inébranlablement de toutes les tentations les
plus vives et les plus fortes.

« Quiconque connaît les enfants, ces na-
tures légères, mobiles, vaines, causeuses,
indiscrètes, curieuses, et fera les mêmes
expériences que moi, partagera la stupéfaction que j'ai éprouvé et se demandera s'il est

vaincu par ces deux enfants, ou par une force supérieure et divine.

« Je n'ajouterai pas que depuis deux ans ces deux enfants et leurs pauvres familles sont demeurés aussi pauvres qu'auparavant. C'est un fait que j'ai vérifié suffisamment pour moi, et qu'il est facile de constater avec la plus parfaite certitude.

« Ce que je dirai, pour l'avoir observé, c'est que les enfants et le petit Maximin en particulier, que j'ai vu de beaucoup plus près et beaucoup plus longuement, m'ont paru avoir gardé une simplicité, et je dirai le mot, une humilité si absolue, malgré l'honneur qu'ils ont reçu et l'illustration dont cet honneur les environne, que cette simplicité et cette humilité ne paraissent pas même des vertus à un degré quelconque en eux : ils sont comme cela et ont l'air de ne pouvoir en aucune manière être autrement ; et ils le sont avec une naïveté passive qui stupéfait,

quand on y regarde de près et qu'on y réflé-
chit.

« Le fait est qu'ils ne comprennent même
pas l'honneur qu'ils ont reçu, et semblent
n'avoir aucune idée de la célébrité qui
s'attache désormais à leurs noms. Ils ont vu
des milliers de pèlerins, soixante mille en
un jour, venir à leur voix sur la montagne de
la Salette. Ils n'en ont été ni plus fiers, ni
plus recherchés dans leurs paroles ou leurs
façons. Ils regardent tout cela sans un étonnement, sans une pensée, sans un retour sur
eux-mêmes. Et au fait, si ce qu'ils racontent
est vrai, ils entendent leur rôle comme la
Sainte-Vierge l'a entendu elle-même. Elle
n'a pas prétendu leur faire un honneur, elle
a prétendu se choisir des témoins qui fussent
au-dessus de tout soupçon par une simplicité si profonde, si absolue, si extraordinaire
que naturellement on ne sût ni l'expliquer,
ni la comprendre, et elle y a réussi.

« Tel est le premier trait de vérité que j'ai remarqué en ces enfants.

« Je trouve le second dans les nombreuses réponses, absolument au-dessus de leur âge et de leur portée, qu'ils ont faites spontanément, dans les divers interrogatoires auxquels on les a soumis.

« Car il faut remarquer que jamais accusés n'ont été, en justice, poursuivis de questions sur un crime, comme ces deux pauvres petits paysans le sont depuis deux ans sur la vision qu'ils racontent. A des difïicultés souvent préparées d'avance, quelquefois longuement et insidieusement méditées, ils ont toujours opposé des réponses promptes, brèves, claires, précises, péremptoires. On sent qu'ils seraient radicalement incapables de tant de présence d'esprit, si tout cela n'était la vérité. On les a vu conduire, comme on conduirait des malfaiteurs, sur le lieu même ou de leur révélation ou de leur imposture ; ni les personnages les plus graves et les plus

distingués ne les déconcertent, ni les menaces et les injures ne les effraient, ni les
caresses et la douceur ne les font fléchir, ni
les plus longs interrogatoires ne les fatiguent,
ni la fréquente répétition de toutes ces
épreuves ne les trouve en contradiction, soit
chacun avec lui-même, soit l'un avec l'autre.
On ne peut moins avoir l'air de complices ;
et le fussent-ils, il leur faudrait un génie sans
exemple, pour être ainsi constamment
conformes à eux-mêmes, depuis deux ans
passés que dure et se continue sans inter-
ruption cette étrange et rigoureuse informa-
tion. Ce qui ne les empêche pas de mêler à
tout cela les contrastes les plus bizarres,
tantôt la grossièreté de leur éducation,
quelquefois l'impatience et une certaine
mauvaise humeur, tantôt la douceur, le
calme, un sang-froid imperturbable, tantôt
ou plutôt toujours, une discrétion, une
réserve impénétrables à tous, parents, compagnons, connaissances, à l'univers entier :

Voici, du reste, des questions et des réponses que j'emprunte tout à la fois à mes souvenirs personnels, à des procès-verbaux en bonne et due forme, déposés à l'évêché de Grenoble et dont je vous garantis l'authenticité.

D. à Mélanie. — La dame t'a donné un secret et t'a défendu de le dire. A la bonne heure ; mais dis-moi au moins si ce secret te regarde, ou s'il regarde un autre.

Mélanie. — Qui que ce soit que cela regarde, elle nous a défendu de le dire.

D. — Ton secret, c'est quelque chose que tu auras à faire ?

Mélanie. — Que ce soit une chose que j'aie à faire, ou non, cela ne regarde personne ; elle nous a défendu de le dire.

M^r l'abbé Chambon, supérieur du petit séminaire de Grenoble :

— Dieu a révélé ton secret à une sainte religieuse ; mais j'aime mieux le savoir par toi et m'assurer ainsi que tu ne mens point.

Mélanie. — Puisque cette religieuse le sait :

elle peut vous le dire ; moi, je ne le dirai pas.

D. — Tu dois dire ton secret à ton confesseur, pour lequel il ne faut rien avoir de caché ?

Maximin. — Mon secret n'est pas un péché ; en confession, on n'est obligé de dire que les péchés.

D. — S'il fallait dire ton secret ou mourir ?

Maximin (avec fermeté). — Je mourrai…. je ne le dirai pas.

D. — Mais c'est peut-être le démon qui t'a confié ton secret ?

Maximin (seul). — Non, car le démon n'a point de Christ, et le démon ne défendrait point le blasphème.

Mélanie (seule, à la même question). — Le démon peut bien parler, mais je ne crois pas que ce soit lui qui puisse dire des secrets comme ça. Il ne défendrait pas de jurer, il ne porterait pas de croix et ne dirait pas d'aller à la messe.

M. Gérente, aumônier des sœurs de la

Providence de Corenc, près Grenoble, à Maximin. — Je ne veux pas te demander ton secret. Mais ce secret regarde sans doute la gloire de Dieu et le salut des âmes. Il faudrait qu'il fût connu après ta mort. Voici donc ce que je te conseille : Ecris ton secret dans une lettre que tu cachèteras ; tu la feras remettre dans le bureau de l'évêché. Après la mort de Monseigneur et la tienne, on la lira cette lettre, et tu auras gardé ton secret.

Maximin. — Mais quelqu'un pourrait être tenté de décacheter ma lettre... Et puis je ne connais pas ceux qui vont à ce bureau (Puis, en mettant la main sur la bouche et ensuite sur son cœur) : Mon meilleur bureau, dit-il, avec un geste expressif, est là !

Un autre ecclésiastique dit à Maximin :

— Tu as envie d'être prêtre ; eh bien ! dis-moi ton secret, je me charge de toi ; j'écrirai à Monseigneur, qui te fera étudier pour rien.

Maximin. — Si pour être prêtre, il faut dire mon secret, je ne le serai jamais.

*M. l'abbé Lagier, curé, originaire de Corps,
demandait à Mélanie.* — Tu ne comprenais
pas le français, tu n'allais pas à l'école ;
comment as-tu pu te rappeler ce que la
dame te disait ? Elle te l'a dit plusieurs fois ?

Mélanie. — Oh ! non, elle ne me l'a dit
qu'une fois, et je me le suis bien rappelé. Et
puis, quand même je ne comprenais pas
bien, en disant ce qu'elle m'avait dit, ceux
qui comprenaient le français le comprenaient
quand même je ne le comprenais pas, cela
suffisait.

D. — La *dame* t'a trompé, Maximin ; elle
t'a prédit une famine, et cependant la récolte
est bonne partout ?

Maximin. — Qu'est-ce que cela me fait ?
Elle me l'a dit, cela la regarde.

A cette question, les enfants ont répondu
d'autres fois :

Mais si on a fait pénitence...

D. — La Dame que vous avez vue, est en
prison à Grenoble.

Maximin. — Bien fin qui la prendra.

D. — La dame que tu as vue n'était qu'un nuage.

Maximin. — Mais un nuage ne parle pas.

Un prêtre. — Tu es un petit menteur ! je ne te crois pas.

Maximin. — Qu'est-ce que cela me fait ? Je suis chargé de vous le dire, pas de vous le faire croire.

Un autre prêtre. — Vois-tu, je ne crois pas, tu es un menteur.

Maximin (avec vivacité). — Alors pourquoi venir de si loin pour m'interroger ?

Un curé de la Vallouse, dans le diocèse de Gap :

— La dame a disparu dans un nuage ?

Mélanie. — Il n'y avait point de nuage.

Le curé insiste : — Mais il est facile de s'envelopper d'un nuage et de disparaître ?

Mélanie (avec vivacité). — Monsieur, enveloppez-vous d'un nuage et disparaissez.

L'abbé Albertin, professeur au grand sémi-

naire de Grenoble : — Ne t'ennuies-tu pas, mon petit, d'avoir à répéter tous les jours la même chose ?

Maximin. — Et vous, Monsieur, vous ennuyez-vous de dire tous les jours la messe.

M^r l'abbé Repellin, professeur au petit séminaire d'Embrun ; Mr Bellier, missionnaire de Valence, et d'autres personnages recommandables attestent avoir obtenu des réponses encore plus étonnantes.

L'abbé Repellin écrivait, le 19 novembre 1847 :

« Je demandais à la petite si la personne merveilleuse qu'elle avait vue ne pouvait pas être un mauvais esprit qui voudrait semer le désordre dans l'Eglise. Elle m'a répondu, comme elle avait répondu à d'autres : — Mais, Monsieur, le démon ne porte pas une croix. — Je poursuivis : mais, mon enfant, le démon a porté Notre-Seigneur sur le temple, sur la montagne, il pourrait bien porter sa croix ? Non, Monsieur, dit-elle avec une certaine assurance ; non, le bon Dieu ne laisserait pas porter sa croix comme ça. C'est sur la croix qu'il est mort. — Mais il s'est laissé porter lui-même ? — Mais c'est par la croix qu'il a sauvé le monde. L'assurance de cette enfant, la profondeur de cette réponse, dont elle ne sentait peut-être pas la beauté, me fermèrent la bouche. Dans une autre circonstance, elle s'expliqua plus catégoriquement. On lui disait que le démon avait porté Notre-Seigneur lui même, en personne. — Oui, dit-elle, mais il n'était pas encore glorifié. — Votre ange gardien sait-il votre secret, Mélanie ? — Oui, Monsieur. — Il y a donc quelqu'un qui le sait ? — Mais mon ange gardien n'est pas du peuple. »

« Voilà, mon cher ami, quelques-unes des innombrables réponses de ces enfants. Je ne sais si vous les jugerez comme moi ; mais elles sont assurément, c'est le moins qu'on en puisse penser, fort étonnantes. »

Que dire d'une telle lettre écrite par un

homme qu'on pouvait à cette époque regarder comme le plus éminent du clergé de France ? Pourtant, comme on le voit, Mgr Dupanloup s'est grossièrement trompé, et toute son argumentation tombe devant le fait certain, le fait avoué un jour de franchise par Mélanie et Maximin, le fait de la fourberie.

Si Mgr Dupanloup avait su lire entre les lignes, il aurait compris pourquoi Mélanie et Maximin n'avaient aucune envie de causer de l'événement, pourquoi ils n'en parlaient jamais que forcés par les interrogations, pourquoi ils étaient si discrets qu'il fallait leur arracher les mots de la bouche à ce sujet, pourquoi enfin, au lieu d'être orgueilleux d'avoir été choisis pour être les confidents de la Vierge, ils étaient au contraire si humbles et comme honteux du rôle qu'ils avaient joué. En somme Mgr Dupanloup en arrivant à la Salette s'est trouvé dans un milieu suggestif et, comme un homme enveloppé d'un épais brouillard, il n'a vu les choses que troubles et sous un aspect non réel.

XXIV

Le père de Maximin Je me suis demandé quel rôle joua le père de cet enfant en laissant à d'autres mains que les siennes le soin de l'élever et en l'abandonnant pour ainsi dire comme s'il n'était plus son fils ? Fut-il persuadé par son voisin le curé de Corps, dont la maison touchait la sienne, que Dieu voulait l'avoir pour lui seul, ou bien, à l'instar de tant de parents pauvres, reçut-il, sous une forme quelconque, un prix de vente ? L'histoire ne dit rien à ce sujet.

Influence du curé d'Ars Continuons la vie de Maximin : En 1850, quatre années après l'apparition, l'enfant est conduit à Ars auprès de l'abbé Vianey ; cette visite est capitale dans son existence car il avoue, nous l'avons dit, la vérité à l'honnête curé. On comprend, lorsqu'il rentre à la maison religieuse, la sourde colère des Inventeurs de la Salette contre lui ; cet enfant si bien façonné jusqu'à présent qu'on croyait inféodé à l'œuvre, devient la cause d'un épouvantable scandale et s'il répète, à d'autres qu'au curé d'Ars, l'aveu de la fourberie, il peut amener une catastrophe !

Le Maire de Corps Voilà précisément que M. X..., notaire et maire de Corps, se sert de son autorité de magistrat municipal pour faire paraître devant lui et interroger Maximin. Or celui-ci très ému avoue le mensonge, comme il l'a fait devant le curé d'Ars !

Mʳ le Maire de Corps est un homme pieux, en même temps que droit et loyal : ce que l'enfant lui a raconté, sa piété l'a empêché de le publier, mais il sait la vérité : si ses discours ne nous le disent pas, sa conduite et celle des siens à l'égard de la Salette va nous le faire comprendre. Or, cette famille qui a la dévotion d'autrefois, la dévotion de charité, qui fait la prière du matin et du soir, qui ne manque pas la messe du dimanche, cette famille, dis-je, dont le fils va bientôt prononcer des vœux monastiques, mainte- nant ne parle jamais de l'apparition ; elle se tait lorsqu'en sa présence, d'autres en cau- sent. Elle ne monte plus au sanctuaire de la Salette si voisin pourtant, et cesse même ses dévotions à la statue de la Vierge de Corps, qui porte tenailles et marteau.

Elle n'y croit plus.

Mr X... chrétien malgré tout, dorénavant va se tenir à l'égard du miracle dans un silence méprisant que les siens imiteront toute leur vie. Mme X... sa fille, qui habite encore la petite ville, ne me désavouera pas, si elle lit ces lignes.

On comprend les angoisses morales de Maximin, tiraillé par les enseignements de sœur Thècle et des Prêtres qui lui font un

devoir de tromper et les remords de sa conscience éclairée par la grande lumière du curé
d'Ars : « C'est toujours un péché de mentir »
dit l'un ; « d'avance vous êtes absous du
mensonge », disent les autres.

Maximin à Dax Les révoltes de l'enfant dans ce moment
s'accentuent : « qu'on m'emmène loin de La
« Salette » s'écrie-t-il « et qu'on me laisse
« tranquille ; » On le conduit à l'extrémité
de la France dans les Landes, au séminaire
de Dax, sous prétexte de le préparer à la
prêtrise.

Pourquoi si loin ?

N'est-ce pas une véritable séquestration,
doublement odieuse s'exerçant sur un si
jeune enfant ? Il a douze ans et ses parents
ne protestent pas !

Les avatars de Maximin Des années se passent : ce qui devait arriver arrive : on a enseigné à Maximin la
fourberie, il devient un triste sujet. On ne
peut plus le garder au séminaire : il refuse
le sacerdoce ; pour lui, être prêtre, c'est

devenir semblable à ceux qui lui ont corrompu l'âme : c'est ressembler à l'abbé Rousselot ou à l'abbé Burnoud, ses deux pervertisseurs !

On le conduit à Paris pour en faire un médecin ; il est étudiant, et en attendant le doctorat, il se fait *guérisseur* dans le quartier populaire du Temple, mais c'est dans les caboulots de la rive gauche surtout qu'il apprend l'art de guérir : Il faut qu'il trempe dans l'ivresse son cerveau troublé, et qu'il y noie ses remords.

On le fait engager dans l'armée du pape : le voilà zouave pontifical : il est reçu, choyé, adulé par toutes les dames et gentilhommes de la société romaine !

Mais peu lui importe des honneurs que sa conscience lui reproche d'accepter : pour oublier, il continue de noyer sa mémoire au fond des fiascos de vin de Frascati, cela si souvent qu'il finit par dégoûter de lui ses plus fervents admirateurs et les plus zélés soutiens du culte de La Salette. Des zouaves pontificaux m'ont raconté que chaque soir, dans les mauvais lieux de la Ville Eternelle, il allait se gorger des vins forts d'Italie, puis rentrant titubant au camp, il roulait dans sa tente au dernier degré d'ivresse.

Cette conduite, si peu édifiante de la part d'un favori de la Vierge, le force à quitter Rome. Rentré en France, il est soldat, il est employé dans un ministère, il est commis chez un négociant, etc. etc. Mais, finalement, il est remercié par tous ceux qui ont cru faire œuvre pie, en lui donnant un emploi.

Liqueur de la Salette Maximin finit par retourner à Corps, son pays natal et se loger dans la maison du vieux forgeron son père. Là, il croit avoir une idée géniale, enfantée d'une part par son goût pour l'alcool et de l'autre par ses sentiments de piété. Ils se fait fabricant de liqueurs et lance dans le commerce un produit rival de la Chartreuse, c'est la : *Liqueur de la Salette fabriquée avec les herbes de la Sainte-Monta-*

gne par Maximin Giraud, le berger de l'apparition. On ne dit pas si l'eau de la Source fait partie de la composition alcoolique et lui donné une vertu, miraculeuse, cela est sous-entendu ; alors les fidèles qui descendent de la montagne avec une pierre du rocher dans une poche et la petite bouteille d'eau de la source dans l'autre, peuvent trouver chez Maximin un troisième fétiche beaucoup plus agréable et aussi efficace. Parmi les pèlerins, même ceux ayant une foi ardente, il s'en trouve toujours un certain nombre amateur de liqueur fortes et ne pouvant s'en passer : pour ceux-ci cet amalgame d'alcool, de plantes odoriférantes et d'extrait de sentiments religieux sera certainement un agréable dictame. Ce commerce devait réussir, il périclita et tomba par la faute de Maximin : il en était le principal client et pendant les longs mois d'hiver il épuisait les stocks de bouteilles préparées pour la vente de la saison d'été.

Un jour deux vieillards, Mr et Mme Jourdan de Paris, après fortune faite dans un commerce de librairie, viennent en pèlerinage à la Salette. Ils trouvent sur leur chemin Maximin vivant triste et sans famille. Emus ils adoptent à leur tour cet ancien pupille de la Vierge, croyant s'attirer par cet acte la protection spéciale de celle-ci. Ils s'installent avec l'ancien berger dans une maison de Corps ; ils font plus, oublieux de la prudence, ils mettent leur fortune à sa disposition.

Mal leur en prend, car Maximin soit dans sa fabrique de liqueurs, soit en joyeuses noces et festins — où ces vieillards ne sont pas invités du reste — dépense la centaine de mille francs qu'ils ont apportée et ne laisse à ces pauvres gens, que leurs yeux pour pleurer misère.

Evohé, Bacchus ! Maintenant pour notre héros, c'est la dipsomanie pure, c'est le besoin invincible de boire. En face de sa demeure se trouve le café d'un camarade d'enfance, c'est là qu'il passe ses journées d'ivresse crapuleuse.

Parfois des pèlerins s'arrêtent devant sa porte comme à une sainte station pour compléter dévotement leur voyage, et s'édifier de la vue de celui qui fut baigné dans l'atmosphère deMarie ; leur stupéfaction est grande, en voyant leur Maximin changé en vulgaire voyou, ivre d'alcool, de bière ou de vin et proférant des paroles de gaudriole et de moquerie à l'égard de l'apparition. Stupéfaits et navrés ils s'en vont la mort dans l'âme et le doute dans l'esprit.

Maximin ne travaille plus, il sait où trouver de l'argent lorsqu'il en a besoin : De temps en temps il monte en pèlerinage à Notre-Dame de La Salette, mais ce n'est pas à la statue de la Vierge, sa vieille connaissance, que vont ses hommages, c'est à la caisse du Monastère qu'il porte sa prière ; parfois même elle devient chantante, cette prière de l'ancien berger ! La poche garnie d'or, il redescend la montagne, riant à la pensée que ces pièces tout à l'heure tinteront joyeusement sur la table du cabaret au bruit des chansons et du choc des verres.

Donation après décès — Un jour les pères de la Salette, lassés de toujours donner sans rien recevoir, lui achèteront son cœur, livrable après sa mort ; Maximin signe gaiement ce testament d'un nouveau genre, dont il va se moquer tout à l'heure avec ses camarades de cabaret. O dérision, ce cœur qui durant sa vie ne fut qu'un sac à vin, en vertu du testament, est conservé, embaumé comme une relique, dans le sanctuaire de la Salette ! O honte, ce cœur d'ivrogne est l'objet de la vénération des fidèles !

Une paire de cœurs — Du reste un autre cœur se trouve déjà dans la même Basilique, « celui de l'illustrissime et « révérendissime Mgr Philibert de Bruillard « digne de vivre dans la mémoire de tous les « gens de bien, mort le 15 décembre 1860, à

« l'âge de 95 ans » dit l'inscription latine. On a omis de sculpter sur ce marbre les titres qu'un jour lui donna le cardinal de Bonald son métropolitain. Ces deux cœurs celui du Berger et celui de l'Evêque, placés l'un vis-à-vis de l'autre doivent inspirer des réflexions extraordinaires aux pèlerins psychologues !

Maximin, resta catholique pratiquant jusqu'à sa mort ; il se confessait, il communiait, il reçut les derniers sacrements ; cela n'empêche que cet enfant qui aurait pu devenir un honnête homme, un bon ouvrier, un estimable père de famille devint, par la faute de ceux qui en firent un instrument de fourberie religieuse, un être aussi vil et méprisable qu'un pourceau.

XXV

 Sur la montagne de l'apparition, achetée
par M⁹ʳ Philibert, eut lieu une imposante
cérémonie le 25 mai 1852 ; les évêques de
Valence et de Grenoble y vinrent poser la
première pierre des vastes constructions dont
Mʳ Berruyer, un très habile architecte avait
dressé les plans.

A côté des lieux vénérés par la foule où
avait eu lieu le miracle, sur le versant nord
du plateau, ou aplanit la montagne pour
créer une vaste esplanade sur laquelle on
construisit la basilique, puis le couvent des
pères et des sœurs, l'hôtellerie pour un millier
environ de pèlerins, et enfin de vastes écuries
pour loger les troupeaux de bêtes à cornes
qui vont brouter pendant le jour le gazon
parfumé des pâturages.

Dans les flancs d'une montagne voisine on

découvrit des carrières de beau marbre noir strié de veines blanches. Bien que non polie cette pierre est d'un effet merveilleux et fut employée dans toutes les constructions.

En 1861, les travaux les plus importants furent terminés : des sommes énormes avaient été employées, trois millions, dit-on, fournis par les pèlerins et par les fidèles de toutes les églises de France. Dans le diocèse de Grenoble, les sermons furent si suggestifs que les gens les plus pauvres se privaient de pain et en privaient leurs enfants, pour pouvoir verser quelques sous ou quelques pièces d'argent aux quêtes des messes et vêpres du dimanche.

La Basilique La basilique est un monument de style roman mêlé de byzantin qui fait grand honneur à son architecte ; elle pourrait, étant donné ses dimensions, servir de cathédrale à une grande ville ; de sveltes colonnes de marbre noir montent dans l'espace pour soutenir les voûtes ; de nombreuses chapelles flanquent les deux nefs latérales ; le toit est métallique pour résister aux assauts des intempéries hivernales : deux hautes tours carrées s'élèvent sur la façade et complètent l'ensemble. Un énorme bourdon et de nombreuses cloches font entendre leurs sons graves ou leurs joyeux carillons, jusqu'au fond des vallées.

Les groupes en bronze En 1864, un espagnol M[r] le Comte Pennalver, fit fondre trois groupes en bronze représentant les scènes de l'apparition de la Reine du ciel aux bergers : le premier reproduit la Vierge assise, la figure cachée dans ses mains : le second la Vierge debout en conversation avec les bergers ; enfin le troisième la Vierge prête à disparaître dans les airs.

Ces énormes morceaux de métal sont placés autour de la source, aux lieux mêmes où disait-on la Dame était apparue.

Paul Véronèse Dans le groupe de la Vierge parlant aux bergers, l'artiste Mr Fabisch de Lyon n'a pas craint de sculpter un chien couché aux pieds des enfants. Ce chien me rappelle la triste aventure arrivée au grand peintre de Venise, Paul Véronèse ; cet homme de génie qui a rempli les palais et les églises de ses œuvres gigantesques et merveilleuses, avait coutume dans ses Noces de Cana, ses Repas chez Simon le Pharisien, ou ses Disciples d'Emmaüs, de peindre des chiens, tantôt endormis, tantôt jouant avec des enfants, tantôt même rongeant des os ; cela, peut-être, dans le but de remplir le vide des premiers plans de ses tableaux. Un jour la Sainte Inquisition s'indigna de voir des chiens en compagnie de Jésus, de sa mère ou des apôtres, abominable sacrilège digne de la mort ou au moins de la prison perpétuelle. Sans autre forme de procès, le grand artiste fut enlevé de son atelier et plongé dans un carcere duro du Saint-Office, où il resta de longs et cruels mois loin de cette lumière qu'il aimait tant. On eut de la peine à le tirer des griffes des terribles inquisiteurs ; comme on le voit M. Fabisch a bien fait de travailler au XIXme siècle et non au XVIme.

La charité purifie tout : pour effacer toute cette misère morale de fausses apparitions et de faux miracles, puisque La Salette va mourir, ne serait-ce pas faire œuvre pie que d'utiliser ces vastes constructions si bien outillées déjà en toutes choses, fussent comme Sanatorium de tuberculeux, analogue à celui d'Hauteville dans le Bugey ?

Si un millier de malades trouvaient là, dans un site admirable, cet air des montagnes nécessaire à leur salut, certainement alors La Salette ferait de vrais miracles en guérissant quelques-uns de ces pauvres êtres, incurables dans les hôpitaux des villes. Espérons qu'un jour prochain verra cette bonne œuvre se produire ! trois cent mille tuberculeux attendent, hélas !

La Salette une fois créée, il fallut des miracles pour en faire un lieu de pèlerinage et les miracles ne manquèrent pas, tant qu'on eût foi dans les vertus de la source miraculeuse. Aujourd'hui la foi est partie et les miracles aussi ! Mais que dire de ces guérisons maintenant que nous savons que la Vierge n'est jamais apparue aux deux bergers ? Voilà des miracles en l'air ! La Salette n'a pu les faire et l'on nous assure pourtant qu'ils ont eu lieu ? Si l'eau de la source n'est que de l'eau pure, elle n'est pas miraculeuse ? Si elle n'est pas miraculeuse, comment expliquer les miracles racontés, publiés et approuvés par des prêtres et par des évêques ? Suggestion ! Suggestion !

A la fin de ce récit et dans un autre ouvrage que nous préparons sur Lourdes, nous expliquerons le mécanisme purement médical des guérisons ; en ce moment, nous ne voulons faire ressortir que ce seul fait, qu'on a publié la relation de nombreux miracles accomplis par Notre-Dame de la Salette, bien que Notre-Dame de la Salette ne soit jamais apparue ;

aux lecteurs le soin de tirer des conclusions !

L'abbé Berthier Mais si dans une certaine mesure, avant la décision du Vatican, ou comprend la publication de volumes concernant l'apparition, il y a lieu de s'étonner qu'un nouveau livre écrit par un prêtre, l'abbé Berthier supérieur des pères de La Salette, réédite en 1898 les mensonges d'autrefois, et surtout que ce livre reçoive l'imprimatur de l'archevêque de Paris. Le Cardinal Richard aurait dû se dispenser d'un tel acte, après le bref pontifical qu'il ne devait pas ignorer.

Or, dans ce livre se trouve la narration d'une cérémonie religieuse qui confond l'imagination :

La Statue Papale Une nouvelle statue de Notre-Dame de La Salette, lisons-nous, approuvée par la sacrée-congrégation des Rites, a été couronnée au nom de sa Sainteté par Mgr le Cardinal Guibert, archevêque de Paris ; on se garde bien d'expliquer que le culte de La Salette ayant été supprimé par Léon XIII, la statue de la Vierge habillée en paysanne des Alpes a été descendue de son piédestal et exilée hors de l'église et que pour la remplacer une Vierge moins fantastique est venue de Rome, fiche de consolation envoyée par sa Sainteté.

Cette statue de la Vierge, sculptée suivant la technique sacrée par un artiste italien, a été donnée par le Pape pour être mise sur le socle de la paysanne dépossédée. Pour qui veut comprendre, La Salette est aux yeux du pape infaillible une imposture grossière qui doit cesser et faire place au culte ordinaire de Marie.

Or, le 21 août 1879, eut lieu une grande cérémonie pour l'inauguration de cette statue papale, cérémonie où assistèrent S. Em. le Cardinal Guibert, archevêque de Paris, Mgr Fava, évêque de Grenoble, les Mgrs Paulinier archevêque de Besançon, Pichenot archevêque de Chambéry, Cotton évêque de Valence, Delannoy évêque d'Aix,

Bonnet évêque de Viviers, Robert évêque de Marseille, Terris évêque de Fréjus.

Cette cérémonie nous trouble et nous déconcerte : nous nous demandons comme autrefois Beaumarchais : « qui veut-on tromper ici ? »

Mensonge !
Mensonge !

Hélas, ceux qu'on veut tromper ce sont les pauvres fidèles, qui apportent de bonne foi leurs dons au sanctuaire ! Ce sont les pèlerins bêlants, dont on veut continuer à diriger la procession vers les montagnes du Dauphiné !

On leur dit, rien n'est changé qu'une statue ; on leur dit, c'est la même Vierge habillée autrement ; on leur dit, pour honorer davantage Marie, le pape lui fait changer de tablier et de robe. On ne leur dit pas : ce changement de toilette c'est la condamnation éclatante du miracle par le Pape lui-même ! On ne leur dit pas, la cérémonie de ce jour, c'est la preuve avouée qu'il y a eu colossale fourberie ! Ces archevêques et ces prêtres, ces évêques et ces abbés mitrés, venus de tous les points de la France devraient être des apôtres de vérité, or, le jour de ce pompeux couronnement, ils ont approuvé, appuyé et relevé de leur présence, un nouveau mensonge.

La Salette se meurt

Malgré la nouvelle statue, La Salette se meurt, La Salette est morte. On a bien voulu parfois la ressusciter. En 1872, le père Bailly, l'assomptionniste fondateur du journal *La Croix*, s'occupa de l'organisation d'un grand pèlerinage national à La Salette. Rien n'y a fait. La mode n'est plus là. Il n'y a plus d'Alpes, il n'y a plus que des Pyrénées !

XXVI

Cette année les anciens pères de la Salette, frappés par la loi des Congrégations, ont été dispersés, quelques-uns ont été nommés curés dans les environs, les autres ont quitté

le pays. Ils sont remplacés par trois chape-
lains, prêtres du diocèse, dont l'un l'abbé
Bonnel ancien avocat de Bordeaux, est un
prêtre intelligent et relativement libéral. Sa
présence est-elle une preuve, que de plus
en plus le culte de la Salette, fera place au
culte ordinaire de la Vierge ? C'est possible.
Pourtant, on me l'écrit, le petit commerce
se continue encore, bien qu'avec moins
d'âpreté et plus de décorum.

Conclusions   Nous devons tirer une moralité des faits
que nous venons de raconter : or, nous ne
craignons pas de le dire, l'organisation du
mensonge de la Salette et son exploitation
en vue de bénéfices quelconques, est un fait
d'escroquerie que son caractère religieux ag-
grave au lieu de pallier. Pour nous exprimer
comme le catéchisme, ce fut un péché mortel
contre le commandement de Dieu qui défend
de prendre le bien d'autrui, péché commis
par les Evêques et les Prêtres qui ont été
mêlés à cette exploitation et en ont bénéficié

d'une façon quelconque. Un devoir s'impose à l'Evêque de Grenoble responsable à son tour du péché commis par ses prédécesseurs, s'il continue à déshonorer la religion sous prétexte de la servir. En faisant son examen de conscience, Monseigneur saura trouver ce devoir à remplir.

De plus, dernière conclusion, on doit juger les événements suivant leur utilité humanitaire ; on doit chercher l'influence qu'ils ont exercée sur leur siècle soit pour l'élever, soit pour l'abaisser. Or, La Salette, événement religieux considérable pendant la dernière moitié du XIXme siècle, puisqu'il intéressa non seulement Grenoble et l'Isère, mais toute la France et l'Europe catholique, La Salette, dis-je, outre le mal moral dont elle affligea ceux qui en furent les auteurs, les témoins et les victimes, causa à toute la chrétienté un mal très grand en détournant la dévotion humaine du culte unique qu'elle doit avoir : *Le culte de Dieu seul.*

ALGER. — IMPRIMERIE S. LÉON, 15, RUE DE TANGER

VÉRIFICATION DES MIRACLES

LA POSSÉDÉE

DE

GRÈZES

LA POSSÉDÉE DE GRÈZES[1]

I

On fait actuellement grand bruit autour d'une religieuse possédée, à ce que l'on assure, d'un ou plusieurs démons, qui n'ont pas honte, au début du XXe siècle, de faire parler d'eux.

Cet événement, publié par les voix retentissantes des journaux, a causé une émotion profonde non seulement dans le département de l'Aveyron, son lieu de naissance, mais dans la France entière et même à l'étranger. Les bonnes gens des villes et des campagnes, étonnées, stupéfaites, ne savent comment expliquer des

---

(1) Cette étude a paru dans la *Revue, ex-Revue des Revues* (année 1902).

faits qui paraissent miraculeux et dépassent leur imagination.

Il est bon que la science remette les choses au point, en expliquant la nature de ces faits et leurs relations étroites avec les symptômes d'une maladie parfaitement connue aujourd'hui.

De même qu'un chimiste, non seulement peut analyser un corps composé en détachant chacun des éléments et en les montrant séparés, mais encore par un travail de synthèse, peut reprendre chacun des éléments isolés et recomposer le corps en sa première forme ; prendre de l'alcool, par exemple, l'analyser et le montrer composé d'oxygène, d'hydrogène et de carbone, puis par un travail contraire, avec les mêmes doses d'éléments ci-dessus, refaire de l'alcool, de même, médecin aliéniste, en présence d'un cas de démonomanie comme celui de Grèzes, non seulement je puis en détailler chacun des symptômes, les étaler aux yeux du public, et les expliquer scientifiquement, mais, de plus, semblable au chimiste dans son travail de synthèse, prenant un homme de mon hôpital, je puis lui donner chacun des symptômes décrits, les réunir dans son cerveau et faire de cet individu un possédé semblable à la religieuse de l'Aveyron.

Si nous ne pouvons montrer la chose de visu à nos lecteurs, nous leur expliquerons du moins le mécanisme employé, de façon à ne laisser aucun doute dans leur esprit sur ce qui se passe dans les cas de possession.

II

En entrant dans l'étude de la démonomanie, il faut savoir et admettre deux choses :

1° Qu'il existe une maladie nommée hystérie.

2° Que les malades atteints d'hystérie sont susceptibles de suggestion.

Je vais tâcher d'expliquer ces deux termes, hystérie et suggestion, d'une façon aussi claire que possible, pour que chacun comprenne bien ce que nous dirons de la possédée de Grèzes.

L'hystérie est une maladie nerveuse qui, chez un même individu, peut imiter toutes les maladies du corps humain, mais, contrairement à celles-ci, et — différence caractéristique — elle existe sans lésion d'organes.

Ainsi une toux hystérique ne présente pas un larynx enflammé ou dévoré par les microbes ; une dyspepsie hystérique se produit sans la plus petite lésion de la muqueuse stomacale ; une folie hystérique éclate sans altération du cerveau ; des contractures et des paralysies hystériques ont lieu sans lésion de la moelle épinière.

Le second caractère de l'hystérie est celui-ci : les symptômes de cette affection, qu'elle qu'en soit la gravité apparente, sous l'influence de la suggestion, peuvent disparaître subitement, comme s'il suffisait de souffler dessus pour les voir s'envoler.

Ce n'est pas ici le lieu de décrire les symptômes complets de l'hystérie ; nous parlerons seulement des symptômes ayant trait à la malade qui va nous occuper, c'est-à-dire des symptômes de la folie hystérique.

III

La folie hystérique se produit sous l'influence d'hallucination des divers sens, de la vue, de l'ouïe et surtout du tact ; aux hallucinations du tact se rattachent les troubles de la sensibilité générale.

Cela veut dire qu'une personne hystérique ayant des hallucinations de l'ouïe entendra, sans qu'aucun son ne se produise autour d'elle, des bruits plus ou moins intenses, depuis le murmure d'une source qui s'épanche sur des cailloux mousseux, jusqu'au bruit épouvantable d'une cascade telle que le Niagara. Mais le plus souvent l'hallucination aura lieu au moyen de voix entendues et de conversations avec des êtres imaginaires ; quelquefois ce sera Dieu, ce sera la Sainte-Vierge, ce seront les saints qui parleront, comme on en trouve de nombreux exemples dans les Bollandistes et aujourd'hui encore, dans les relations de l'ange Gabriel avec Mlle Couesdon ; d'autres fois, au contraire, l'hallucination sera moins agréable, ce sera avec le démon, avec les habitants de l'enfer ou avec les âmes du purgatoire qu'elle se passera : les personnes bigotes, les religieux et les religieuses des couvents qui s'occupent des peines éternelles seront sujettes à cette forme des troubles de l'ouïe.

Les hallucinations de la vue sont analogues à celles de l'ouïe, les visions parfois à peine distinctes, donnent dans d'autres cas, par leur netteté, l'apparence de la réalité. Le sujet des apparitions varie suivant les préoccupations ordinaires de l'individu ; une personne dont l'esprit est tourné vers les choses religieuses verra la Sainte-Trinité, la Sainte-Vierge ou son Ange-Gardien lui apparaître, ou bien, au contraire, si la peur des éternels supplices la préoccupe, elle verra un démon surgir devant ses yeux, parfois même des légions de diables danser autour d'elle la sarabande infernale.

Des malades sont atteints fréquemment de ces deux formes d'hallucinations : je laisse le lecteur concevoir les diverses combinaisons de sensations qui peuvent se produire dans ces cas.

Les hallucinations de l'ouïe et de la vue dans leur forme religieuse étant connues, nous pouvons répondre quelques mots à un article du journal le *Temps*, relatif à la possédée de Grèzes.

Dans son numéro du 21 juin 1902, il raconte que la sœur est atteinte de *démono-manie*, qui est l'opposé de l'autre forme religieuse, la *théomanie*, dont l'exemple le plus connu est Marie Alacoque.

Or, Marie Alacoque fut non seulement la possédée de Jésus, elle fut aussi quelque peu la possédée du Diable, comme on peut le lire dans ses mémoires conservés au couvent de Paray-le-Monial: « Je ne tardai guère, écrit-elle, d'entendre les menaces de mon persécuteur, le Démon ; car s'étant présenté à moi sous la forme d'un More épouvantable, les yeux étincelants comme deux charbons, grimaçant contre moi, il me dit : « Maudite que tu es, je t'attraperai « et si je puis une fois te tenir en ma « présence, je te ferai sentir ce que je « sais faire ; je te poursuivrai partout ! » Il me semblait alors voir l'enfer ouvert pour m'engloutir ; je me sentais brûler d'un feu dévorant jusqu'à la moelle des os. Il me fit plusieurs fois semblables menaces.

Ailleurs : « Le Démon me faisait souvent tomber et rompre tout ce que je tenais entre les mains et puis se moquait de moi, me riant quelquefois au nez : « Oh la lourde! tu ne feras jamais rien qui vaille. » On a cru que j'étais possédée ou obsédée du démon ; l'on me jeta dessus force eau bénite, avec des signes de croix et des prières pour chasser le malin esprit. Mais celui dont j'étais possédée, bien loin de s'enfuir, me serrait d'autant plus fortement contre lui, me disant : j'aime l'eau bénite et je chéris la croix. »

J'arrête ici les citations qui pourraient être beaucoup plus longues ; elles sont suffisantes pour prouver que Marie Alacoque eut des accointances avec le Diable ; mais elle fut surtout une *obsédée* du Démon, en ce sens qu'elle eut des hallucinations de l'ouïe et de la vue le concernant, sans avoir les troubles de la sensibilité générale qui font les vrais *possédées*.

Sainte-Thérèse, elle aussi, eut des hallucinations démoniaques qu'elle nous raconte dans l'histoire de sa vie. Dans mon livre *L'Hystérie de Sainte-Thérèse*, à propos de la période démoniaque, je dis ceci : « Maintenant Thérèse est en proie aux hallucinations ayant pour base le Démon ; cette forme que prend son délire lui est suggérée par les personnes qui l'entourent : tout le monde, ses confesseurs, ses directeurs, ses compagnes du couvent, ses amis du dehors, ne cessent de lui crier aux oreilles qu'elle est le jouet du diable, et qu'il prend la forme du Sauveur pour agir en elle, tant et si bien qu'elle subit une véritable suggestion. On tourne son imagination du côté de Satan ; il va paraître. » — Suit la description des hallucinations de la Sainte et sa description de l'Enfer où elle fût plongée un jour.

« Un de mes directeurs commença à me « dire qu'il était clair que le Démon était « l'auteur de ces visions ; il m'ordonna que « toutes les fois que l'esprit des ténèbres « m'en procurerait, puisque je ne pouvais « l'en empêcher, je fisse contre lui un signe « de mépris. » Le remède que ce confesseur conseillait contre les démons était véritablement étrange pour une nonne. Arnaud d'Andilly et Chanut, les principaux traducteurs des œuvres de Sainte-Thérèse, ont mal traduit le mot castillan *Higa*. Suivant le dictionnaire de l'Académie espagnole, il signifie l'action de moquerie par laquelle on montre à quelqu'un le poing fermé et le pouce placé entre l'index et le médius : c'est ce qu'on exprime en français par la locution : « faire la figue » ; du reste en castillan, *Higa* veut dire figue. De nos jours, le clergé même espagnol, hésiterait à employer de tels moyens, mais au XVe siècle, on n'éprouvait pas ces scupules de fausse pudibonderie, on croyait au diable, et on pensait le vexer prodigieusement avec la *Higa*.

Lydwine de Schiedam, dont la vie vient de nous être racontée par J. K. Huysmans, eut aussi des hallucinations démoniaques : si elles furent telles que son panégyriste nous les décrit, la Sainte était atteinte de folie hystérique : mais son histoire aurait dû nous être racontée par un médecin aliéniste qui nous eut découvert la vérité sur ce cas, au lieu de l'être par un auteur qui a employé un grand talent à nous faire admirer les malpropretés et l'ignorance des temps passés. S'il eut feuilleté un seul chapitre des livres du Dr Charcot ou du Dr Pitres, Huysmans n'aurait pas perdu son temps à écrire ce triste volume.

IV

Nous avons dit que dans la folie hystérique se produisait des hallucinations du tact et de la sensibilité générale : donnons une explication à ce sujet.

Certains malades ont des troubles du tact qui, au lieu de se localiser à la peau du corps et aux muqueuses de l'intérieur, se produisent dans les masses musculaires et dans les tissus fibreux, osseux ou autres. Tantôt il y a anesthésie, c'est-à-dire perte de la sensibilité de ces parties profondes, tantôt, au contraire, il y a hyperesthésie, c'est-à-dire augmentation de l'énergie des sensations. Ces troubles sont le point de départ, on le comprend, d'idées fausses les plus diverses : ainsi nous racontent ces pauvres hallucinés, l'un à la sensation d'avoir un corps lourd comme du plomb, et l'autre un corps énorme comme un éléphant ; d'autres, au contraire, sans pesanteur, veulent s'envoler au ciel : Camille, la reine des Volsques, croyait pouvoir se promener sur les champs de blé sans faire courber les épis ; ce devait être une hallucinée de ce genre.

Une dame croyait avoir un corps d'ivoire et, sous ce prétexte, ne voulait rien manger ; il fallait la nourrir à la sonde. Les corps d'or ou d'argent, de bois ou de fer, sont assez fréquents : dans cet ordre d'idées, vous pouvez laisser aller votre imagination, car tout ce qu'elle inventera est possible.

D'autres hallucinations de la sensibilité générale sont les suivantes : le malade à la sensation qu'un organe lui manque ; par exemple, il n'a pas de cœur, il n'a pas d'estomac, ou encore sa masse cérébrale lui est enlevée ; parfois l'organe absent est remplacé par celui d'un autre individu :

Marie Alacoque, de temps en temps, changeait son cœur avec celui de Jésus et beaucoup d'autres saintes faisaient comme elle.

Il arrive parfois qu'une personne humaine ou extra-terrestre se loge dans une partie intérieure du corps : une jeune fille avait son père logé dans son gosier ; elle le consultait sur sa conduite à tenir et il poussait des petits cris de « hou, hou » lorsqu'il n'était pas satisfait ; une autre portait dans son ventre un diable qui, de temps en temps, avec ses griffes lui déchirait les entrailles, lorsqu'elle ne voulait pas faire sa volonté

Enfin nous arrivons au point qui nous est utile pour notre démonstration de la maladie de la sœur de Grézes. Quelques malades ont la sensation suivante : non seulement une partie de leur corps est remplacée, mais le corps entier lui-même fait place à un corps étranger.

Si c'est le corps du Diable qui a fait ce remplacement, la malade devient possédée du Démon. C'est ce que nous nommons *changement de personnalité*. Ce changement peut être plus ou moins complet, en ce sens que tantôt les deux corps sont joints, organes de l'un à côté des organes de l'autre ; tantôt les chairs sont mélangées intimement ; tantôt enfin le Diable se met complètement à la place du corps terrestre ; c'est alors le diable qui sent, perçoit, pense et ordonne à la place de l'autre.

Comme on le voit, l'analyse de la folie hystérique nous a conduit à l'hallucination principale que nous présente la possédée de Grèzes : son diable installé dans son corps, pense avec son cerveau, agit avec ses membres, ordonne avec sa volonté. Il y a changement de personnalité.

V

Nous l'avons dit au début, pour comprendre la démonomanie de la sœur de Grèzes, il faut savoir et admettre que les malades atteints d'hystérie sont susceptibles de suggestion.

Parlons de la suggestion : quelques mots seulement.

On sait que lorsqu'une personne est en état d'hypnose, c'est-à-dire endormie par hypnotisme, on peut lui suggérer des idées qu'elle conservera au réveil ou des ordres qu'elle transformera en actes. Par exemple, pendant le sommeil, je suggère à cette personne qu'elle est Démon et qu'elle doit agir comme telle ; si elle subit ma suggestion, au réveil elle croira que le Diable a pris possession de sa personne et agira en conséquence.

Une personne hystérique peut entrer en hypnose spontanée, attaques de léthargie, de catalepsie, ou de somnambulisme, penpant lesquelles la suggestion peut avoir lieu par le fait des personnes présentes, comme dans le sommeil provoqué. Mme X... s'est évanouie dans une crise de nerfs, en proie à des mouvements libidineux ; dans son entourage affolé, on s'écrie : « C'est le Diable, c'est le Diable qui agit. » Ces mots deviennent une suggestion pour la malade ; l'idée du Diable entre dans sa tête et au réveil elle croit être transformée en démon.

Enfin, sans qu'il y ait sommeil hypnotique, la suggestion peut se faire chez une personne hystérique *à l'état de veille* ; c'est du moins l'avis d'un certain nombre de médecins qui s'occupent de cette question : tous les sujets ne sont pas suggestibles à ce point, même ceux qui sont très fortement touchés par la névrose ; on doit ajouter que les personnes hystériques qui obéissent à la suggestion, sans hypnose, sont rares. L'abbé Faria et le général Noiret, qui ont écrit les premiers livres sur le magnétisme, en ont cité quelques exemples ; le premier faisait sur une personne éveillée cette curieuse expérience : à son commandement, il lui paralysait soit un bras, soit une jambe, soit les yeux, soit la bouche, soit les oreilles. Le second avait près de lui un soldat prussien qui servait à ses expériences : il lui faisait boire de l'eau en lui ordonnant de croire à du rhum et le soldat trouvait dans cette eau pure la saveur et l'odeur de la liqueur forte.

Ces deux personnes étaient profondément hystériques et coutumières de sommeil hypnotique, nous devons le dire.

Mais si la suggestion hypnotique peut faire d'un hystérique un possédé du Démon, cette même suggestion peut aussi guérir des possédés et chasser les démons.

Il n'est plus nécessaire d'être prophète pour avoir le don des miracles ; des médecins, des simples profanes, à l'aide des paroles magiques de la suggestion, peuvent rendre la paix et la tranquillité à celui qui se tord dans les angoisses de son idée fausse.

Je m'approche du lit, j'hypnotise et je dis : « Je chasse le Démon, je le vois sortir ; il n'est plus dans votre corps, vous êtes délivré. » Le malade se réveille, il oublie son cauchemar, il se lève, il sourit, il est guéri.

Là suggestion ne donne pas toujours un résultat aussi miraculeux ; comme tous les remèdes, elle n'est pas infaillible ; quelquefois le sujet ne s'y prête pas, et d'autres fois c'est le thérapeute qui n'a pas le pouvoir nécessaire. Lourdes même, cet instrument si puissant de suggestion, manque parfois son effet et l'on verra la religieuse de Grèzes ne pas pouvoir noyer son diable dans les eaux saintes de la source.

VI

S'il m'était permis de mêler à ces faits
de nature tragique quelques idées de nature
moins sérieuse, j'attirerais l'attention de
mes lecteurs sur le point de vue suivant:

Etant donné le Diable, sa nature et le but
pour lequel il a été créé, on ne saisit pas la
raison pourquoi il s'attaque à des personnes
qui ont la foi religieuse, à des êtres simples
et vertueux, à ceux qui plus tard seront
placés au rang de saints ; si la tentation se
comprend à la rigueur, la substitution de la
personnalité ne se comprend pas. Il sem-
blerait que ce démon dût s'attaquer plutôt
aux libres-penseurs, à ceux qui nient son
existence, à ceux qui n'ont pas la foi, aux
philosophes surtout qui discutent les mystères de la religion. Or, il est de notoriété

publique que jamais aucun savant de l'Institut ne fut possédé du Démon ; il est non moins de notoriété publique que les membres de l'enseignement laïque à tous les degrés ont le privilège de ne jamais servir de domicile à Belzébuth ou à quelqu'un des siens.

Pourquoi cette préférence ?

La raison la voici :

Il faut croire au Diable et y croire infailliblement pour être possédé.

L'ombre d'un doute suffit pour empêcher la suggestion.

VII

Ce que nous venons d'écrire a eu pour effet, je l'espère, d'éclairer sur toutes ses faces la question des possédés ; c'est comme si dans une chambre, jusqu'alors obscure, s'allumaient peu à peu des jets de lumière électrique ; leurs rayons, lorsque la religieuse de Grèzes va paraître, vont illuminer de leur éclat les particularités de sa maladie et montrer leurs similitudes avec les ordinaires symptômes de l'hystérie dont la démonomanie est un cas.

Racontons son histoire maintenant.

Nous déclarons que nous n'avons pas été à Grèzes et que nous ne connaissons pas sœur Saint-Fleuret ; c'est avec des faits la concernant recueillis çà et là, dans divers journaux et ailleurs, que nous avons pu reconstituer sa maladie ; il nous a été plus facile qu'à un autre de le faire, aidé que nous le sommes par notre expérience en ces matières.

Des récits des journaux nous ferons deux parts : les uns véridiques, à conserver ; les autres non admissibles, à rejeter.

Une jeune fille du nom de Saint-Fleuret,

originaire d'Espayrac, petit village du canton d'Entraygues dans l'Aveyron, a été dès son plus jeune âge, élevée dans des principes de dévotion exagérée ; elle a reçu l'instruction religieuse, elle n'en a pas reçu d'autre. Elle n'a jamais cessé de croire à tous les mystères de la religion catholique ; aucun doute n'est venu, non pas seulement ébranler, mais même effleurer sa foi ; elle croit à tous les mystères du catéchisme, et en particulier à l'Enfer et au Démon.

De bonne heure elle entre comme novice au couvent de Grèzes ; depuis ce moment elle est soumise à un entraînement religieux intense que sa vocation lui fait accepter avec ardeur et joie.

L'Enfer, le Purgatoire, les démons, furent autant que Dieu, la Vierge et les saints, le thème des sermons entendus, le sujet des images vues, l'objet des longues méditations solitairement pratiquées. Si parfois ses extatiques désirs du bonheur céleste tournaient son âme du côté du ciel, d'autres fois elle était entièrement anéantie par les terreurs irraisonnées de l'enfer. Dans les sermons de l'année, on parlait souvent des damnés, mais c'est surtout une fois par an, pendant les exercices de la retraite, qu'un missionnaire ardent venait faire jaillir aux yeux des nonnes terrifiées les immenses flammes diaboliques, menaces des âmes coupables.

D'autres fois, on lui prêchait des histoires de possédés guéris par Jésus, ses disciples et leurs successeurs ; le Diable, disait le prêtre, sortait alors de la bouche du possédé sous forme de crapauds noirs, de serpents sifflants, d'animaux immondes, ou bien encore de diablotins cornus.

C'est ainsi qu'on préparait le terrain sur lequel allait germer la maladie.

La fonction naturelle de la femme adulte est la maternité ; lorsqu'il y a lutte entre les besoins de la nature et la manière de vivre de l'être humain, un détraquement physique et moral peut se produire. Sœur Saint-Fleuret, fille de la campagne, privée du mariage nécessaire, par cela même qu'elle était d'une absolue chasteté, fut condamnée à la maladie par ce renversement des lois naturelles.

L'hystérie ne tarda pas à éclater avec tous ses symptômes : la constriction du cou par la boule qui monte, l'angine de poitrine qui tenaille les côtes, les anesthésies et les hypéresthésies cutanées, les névralgies de toute nature et de toute région — puis vinrent les hallucinations de la vue et de l'ouïe qui eurent le caractère des préoccupations ordinaires des sœurs d'un couvent. Ayant l'esprit tourné vers les choses religieuees, sœur Saint-Fleuret vit Dieu, la Sainte-Vierge ou les saints se présenter à ses regards et avoir des conversations avec elle ; bientôt la peur de l'enfer agissant sur son esprit, elle a des hallucinations diaboliques ;

le Diable se montre à elle, elle l'entend ; ses apparitions effrayantes la surexcitent et produisent les crises convulsives, sujets d'épouvante pour les assistants qui ne s'expliquent pas la violence des contorsions auxquelles se livre la malade.

Dans ce moment ont lieu des hallucinations plus intimes qui font de la pauvre femme l'épouse imaginaire de Belzébuth ; ces hallucinations, elle peut les avouer, puisque, si les incubes et les succubes les subirent, d'autre part, des bienheureuses et des saintes comme Marie Alacoque et sainte Thérèse les ont éprouvées, et que, pas plus chez elle que chez les autres, elles ne sont la réalité.

La folie de délire et de convulsions dure quelques jours, puis tout rentre dans l'ordre ; la raison revient entière et sœur Saint-Fleuret reprend ses occupations et sa vie monacale, comme si aucun orage n'avait traversé sa cellule.

Mais que dit-on autour d'elle au moment de ses crises lorsqu'elle cause avec le démon et qu'on la voit dans des attitudes passionnelles et des mouvements désordonnés ?

Tout le monde s'écrie : « C'est une possédée ! c'est une possédée du démon ! » Le chœur des prêtres et des nonnes ne cesse de répéter à ses oreilles la même phrase : « C'est une possédée ! » Ces mots elle les entend dans les moments d'hypnose qui suivent les grandes crises convulsives ; tant et si bien qu'il va y avoir une véritable suggestion ; on lui dit, on lui répète, on lui crie sans cesse aux oreilles, qu'elle est possédée, elle va le devenir.

Mais que fait-on autour d'elle pendant et après ses crises ? Autour d'elle, des bonnes sœurs prient en pleurant la bonne Vierge et la supplient de montrer sa puissance contre l'ennemi du genre humain ; l'aumônier du couvent chante des messes pour que Jésus chasse le Démon comme il le chassait autrefois dans les villages de Judée ; des visiteurs disent des litanies, des neuvaines et d'interminables chapelets. On apporte force eaux bénites dont on inonde, elle, son lit et sa chambre ; enfin, en grande pompe, vêtus des vêtements sacrés, des prêtres en procession viennent faire l'exorcisme qui doit chasser le Démon.

Or, prières, cantiques, chapelets, messes et exorcismes ne font qu'augmenter la suggestion en persuadant à la malade qu'elle est bien la vraie possédée du Démon, puisque tant d'efforts sont faits pour le chasser de son corps.

Chose plus grave, le Démon paraissant se rire du commun des prêtres qui s'acharnent après lui, des évêques et des cardinaux viennent à Grèzes et croient pouvoir, avec leur croix épiscopale, terrifier le Démon et le faire rentrer dans les entrailles de la terre ; c'est le contraire qui a lieu : par la bouche rose de sœur Saint-Fleuret, le

Diable crache à la figure de Mgr. Savignac et, se servant de ses mains blanches, il déchire la Somme de Saint Thomas-d'Aquin, palladium du cardinal Bourret. La croyance imprudente au Démon de ces chefs du clergé augmente la suggestion de sœur Saint-Fleuret. Puisque, pense-t-elle, de saints personnages sont persuadés que le diable me possède, je suis bien réellement possédée.

Enfin on va à Lourdes. La Vierge de Lourdes qui fait tant de miracles, fera celui-ci certainement ? elle ne peut laisser le Démon, son ennemi personnel, dans le corps d'une religieuse consacrée à Marie ? Si un miracle doit se faire, c'est bien celui-là.

Or, le miracle ne se fait pas et ne devait pas se faire.

Pourquoi, me direz-vous ? Parce qu'on faisait agir la suggestion à l'envers de ce qu'elle produit d'ordinaire ; parce que

Lourdes, ses processions, ses cérémonies, ses clameurs et ses prières voulaient dire : « tu es possédée, tu es possédée, tu es très possédée », portant la suggestion à son maximum, dans le sens de la présence réelle du Diable.

Lourdes, par l'effet de la suggestion, produit des guérisons merveilleuses ; si sœur Saint-Fleuret eût souffert de symptômes d'hystérie, comme la contracture ou la paralysie, elle eut été guérie.

Pourquoi ?

Parce que la foi ardente, les sermons entraînants, l'exaltation générale auraient fait leur office de suggestion : « La vierge peut « me guérir ! la Vierge veut me guérir ! la « Vierge va me guérir ! la Vierge m'a « guérie ! » Dans ce cas la suggestion se serait produite dans le sens de la guérison, tandis qu'elle s'est faite dans le sens de la croyance plus forte au Diable dans le corps.

Pour bien préciser ce que peut faire la

suggestion, je citerai le fait suivant. On m'amène un jour Mlle X..., atteinte de paràlysie hystérique du pied droit ; ce pied inerte, sans résistance ne peut supporter le poids du corps ; c'est un pied de coton : si la jeune fille veut marcher en s'appuyant dessus, elle s'affaisse et tombe.

Je persuade à la malade que je possède un onguent merveilleux pour guérir son membre, je lui assure que j'ai guéri des cas semblables et tous les cas semblables ; mon remède est infaillible : par des frictions je vais faire pénétrer l'onguent merveilleux dans les jointures de son pied, et dans une heure la guérison sera obtenue ; j'en ai la certitude, elle peut l'avoir comme moi.

Au bout d'une demi-heure de massages et de frictions faites avec de la simple vaseline, je déclare à voix forte qu'un mieux sensible s'est déjà produit et que la malade peut se tenir debout appuyée sur son pied paralysé. Soutenue sous les aisselles par deux personnes, Mlle X..., ô merveille ! peut en effet s'appuyer un moment sur son pied posé à terre. Elle est ravie. Sans attendre davantage, nous reprenons les frictions et les massages, sans épargner la vaseline, onguent merveilleux, et sans cesser de prédire bien haut la guérison prochaine ; enfin l'heure s'achève ; pontificalement, nous proclamons : «tout est fini, marchez, Mademoiselle; Votre pied n'est plus paralysé, allez. » Aussitôt la malade rayonnante se lève, marche et s'en va guérie, grâce à la suggestion.

Supposons nos frictions et nos massages remplacés par un voyage à Lourdes, la vaseline par l'eau de la source miraculeuse, nos discours et nos affirmations par les prières et les sermons sur la vaste esplanade ; des phénomènes de suggestion identiques aux miens pouvaient se produire et la guérison avoir lieu par le même mécanisme.

La suggestion à Lourdes, se nomme *la Foi*.

Comme on le voit, pour chasser le Démon de la pauvre sœur Saint-Fleuret, on a pris les moyens les plus contraires au but qu'on se proposait.

Cette idée fausse de possession diabolique, permettez-moi cette comparaison, est comme un clou, (est-ce le clou hystérique ?) planté dans le crâne de la patiente ; au lieu de prendre dans l'arsenal médical une bonne tenaille pour l'arracher, on s'est servi d'un saint marteau pour frapper dessus : les parents, les amis, les sœurs et les novices, chacun a voulu donner son coup et a contribué à enfoncer quelque peu la pointe ; les aûmoniers et les prêtres ont frappé un peu plus fort sur ce malheureux clou ; les èvêques et les cardinaux, avec leur crosse, l'ont enfoncé davantage : enfin la foule de Lourdes à fait disparaître complètement le clou dans l'intérieur du cerveau.

Le marteau, c'est la suggestion dont chacun s'est armé, sans s'en douter, pour enfoncer de plus en plus l'idée fausse dans la tête de sœur Saint-Fleuret.

VIII

Ce qui intéresse le plus le public en présence d'une possédée comme celle de Grèzes, ce sont les manifestations de la folie ; chacun de ses actes fait l'objet de copieuses dissertations et d'interminables racontars entretenus par les feuilles publiques. Or, précisément, les faits et gestes de ces malades sont ce qu'il y a de moins intéressant dans l'étude de leur maladie, parce que, d'avance, on sait ce qui va se produire.

En effet, dans le cas de changement de

personnalité, les idées des malades, qu'ils
expriment par des actes, suivent un ordre
logique. J'insiste sur ces deux mots *ordre
logique*, qui vont nous servir à comprendre
et à dire, d'avance, ce que vont faire les
sujets dans leurs manifestations. Je m'explique par des exemples : un individu qui se
croit transformé en chien, aboie, marche à
quatre pattes, lappe sa nourriture et veut
mordre parfois. Son délire ne s'écarte pas
des actes perpétrés par les caniches ; il peut
les imiter tous ou seulement une partie,
mais ce sont toujours des actes de chien ;
il reste dans l'ordre logique. J'ai connu
autrefois un honnête notaire dans ce cas ;
il n'était pas chien complet, il se contentait
d'aboyer ; sa clientèle au courant de la
chose, ne se fâchait pas quand, au milieu
de la lecture d'un contrat ou d'un testament, il poussait deux forts jappements ;
seuls les étrangers regardaient sous la
table ; lui, agréablement, souriait à la

société pour s'excuser, et la société lui rendait son sourire fort délicatement.

Si un autre se croit transformé en Président Carnot, il ne porte que l'habit noir barré du grand cordon rouge ; il fait des discours, veut présider et fait des invitations considérables pour un bal à l'Elysée. Il reste dans l'ordre logique de son idée fausse.

Il en est de même de sœur Saint-Fleuret ; elle se croit le Démon et agit en conséquence. Elle fera donc tout ce qu'elle a lu dans les bibles, tout ce qu'elle a entendu dans les sermons, concernant le roi des Enfers. Comme elle est catholique, c'est un Diable catholique qu'elle reproduit. Transformée en Diable Chinois, elle aurait eu d'autres idées et aurait commis d'autres actes que ceux qu'on nous raconte. Qu'on imagine un Diable devenu non pas ermite, mais nonne dans un couvent. Comment va-t-il se conduire ? comme un démon, c'est l'ordre logique. C'est ce qu'aussi va faire sœur

Saint-Fleuret, lorsqu'elle se croira posédée. Chacun peut s'en faire un tableau.

Elle a horreur des objets religieux et détruit dans sa cellule le crucifix et la statue de la vierge ; elle jette à terre ses tableaux de sainteté, déchire ses robes, ses scapulaires et ses voiles de religieuse ; elle viole les chambres de ses voisines pour mettre à mal les objets semblables. Elle blasphème le nom de Dieu et tient sur Jésus-Christ, la Vierge et les saints les propos les plus outrageants ; ses discours et ses actes sont orduriers, répugnants, indécents ; s'ils ne le sont pas encore, ils vont l'être bientôt.

Si un prêtre s'approche d'elle pour l'asperger d'eau bénite ou pratiquer l'exorcisme, elle pousse des cris de frayeur et le couvre d'injures, à moins qu'elle ne dise, comme Marie Alacoque devenue possédée, « qu'elle aime l'eau bénite et qu'elle chérit la croix. » Si elle suppose qu'un visiteur, car elle se tient sur la défensive à cet égard, cache dans ses poches ou sous ses vêtements un objet pieux qui chasse les démons, elle se précipite sur lui et le fouille partout pour détruire la relique sainte.

Dans les légendes, on raconte que le Diable n'entre jamais dans une église, qu'il y a même impossibilité pour lui d'en franchir le seuil; sœur Saint-Fleuret le sait et se conduit en conséquence; si on veut la mener dans la chapelle du couvent, elle entre en résistance et témoigne son horreur; si on veut l'y entraîner de force, elle est prise d'une violente crise convulsive et pousse des cris et des hurlements qui s'entendent au loin.

L'impossibilité d'accomplir aucun acte religieux, tel que la confession et la communion, se comprend bien de la part du Démon qui n'est pas coutumier de ces sortes de choses.

On a raconté que, pendant son pèlerinage à Lourdes, dans l'église souterraine, elle s'empara de la patène d'un calice en or et alla porter cet objet dans une cachette profonde, puis repartit pour Grèzes avec les sœurs ses compagnes, sans parler de son méfait. La supérieure du couvent reçut du propriétaire du calice, une lettre assurant que la patène avait été enlevée par une des sœurs de Grèzes présentes à Lourdes au moment de la disparition de l'objet. La supérieure fit une enquête auprès de sœur Saint-Fleuret comme auprès des autres sœurs sans recevoir d'aveux ; mais quelques heures après la possédée eut une crise, et pendant l'hypnose qui suivit raconta qu'elle-même avait escamoté la patène et l'avait cachée à un endroit où on la retrouva.

Les hystériques aiment à commettre des vols dans des circonstances identiques ; ils volent pour le plaisir de voler ou pour le plaisir de commettre une mauvaise action. Tels sont la plupart des vols dans les grands magasins.

M{{ll}}e de Z..., d'une famille riche qui ne la

privait pas d'argent, vola un jour à son père deux billets de 1.000 francs, qu'elle cacha soigneusement dans le trou d'un mur. Les soupçons se portèrent sur un ouvrier serrurier qui travaillait dans la maison et qui fit trois mois de prison préventive, tellement toutes les circonstances s'étaient tournées contre lui. La coupable laissa aller la justice avec une parfaite indifférence, bien qu'elle fût bonne d'ordinaire. Une circonstance fortuite fit découvrir la vérité, et les billets de 1.000 francs servirent à indemniser l'ouvrier innocent. Il faut savoir qu'un malade hystérique est capable de pareils crimes et qu'il n'a jamais le remords de ses actes. Bien des faits hystériques semblables ont dû se passer dans le cours des siècles, sans avoir pour l'innocent un résultat aussi favorable.

Dans le journal *Paris-Nouvelles*, nous lisons ceci : « Dans ses crises, la malade « pousse des cris aigüs tellement retentis- « sants, que les paysans les entendent à une

« grande distance du couvent ; il lui semble,
« dans ces moments-là, que le Diable la
« mord ou la brûle à telle ou telle partie de
« son corps, et l'auto-suggestion est si forte
« qu'aussitôt la crise passée, on trouve à
« l'endroit du corps où la pauvre sœur souf-
« frait si fort, soit une véritable brûlure de
« la peau, soit l'empreinte d'une mâchoire
« ou d'un certain nombre de dents qui vien-
« draient de mordre. »

Sauf que les empreintes sont, en général,
moins distinctes et moins marquées qu'on
vient de le dire, l'imagination, amie du merveilleux, étant disposée à augmenter et à
grossir, il n'en est pas moins vrai que ces
empreintes peuvent être réelles ; ce sont des
troubles des nerfs vaso-moteurs, symptômes
hystériques parfaitement étudiés aujour-
d'hui, produits sous la pression d'une forte
suggestion. C'est à ces troubles qu'il faut
rattacher les rougeurs et même les plaies de
certains stigmatisés hystériques comme

François d'Assise et d'autres saints du moyen-âge et même des siècles postérieurs.

IX

Lorsqu'une personne a été hypnotisée ou bien lorsqu'elle s'est trouvée dans une crise convulsive avec hypnose non provoquée, elle ne conserve plus à son réveil, le souvenir de ce qu'elle a fait ou de ce qu'on lui a dit en état de sommeil.

Mais cette personne, de nouveau en état de sommeil spontané ou provoqué, se souvient de ce qu'elle a entendu ou fait pendant les hypnoses précédentes ; elle se souvient également de ce qu'elle a appris à l'état de veille.

Etant connu ces deux lois concernant le somnambulisme, il est facile de comprendre ce qui se produit chez sœur Saint-Fleuret lorsque les journaux écrivent qu'il y a deux personnes en elle et que ces deux personnes sont absolument étrangères l'une à l'autre. Il y a sœur Saint-Fleuret dans son état normal et sœur Saint-Fleuret sous l'influence morbide, mais celle-ci ne connaît en rien celle-là. Et c'est ce que veulent dire encore les journaux lorsqu'ils racontent que, pendant la crise, elle peut parler et agir de façon absolument différente que dans l'état normal, et au sortir, ne pas se souvenir de ce qui s'est passé. Ainsi elle pourrait commettre un vol pendant sa crise, cacher l'objet volé et ne plus se rappeler de ce fait à l'état normal. Mais si une période nouvelle survient, elle se souviendra à ce moment du vol commis et de l'endroit où elle a caché le produit de son larcin. C'est ce qui se passa pour le vol de la patène à Lourdes perpétré en état d'hypnose.

Tout cela est parfaitement vrai et parfaitement scientifique.

X

Il nous reste enfin à parler d'un dernier racontar et à conclure.

J'ai dit au début qu'il fallait rejeter de l'observation de sœur Saint-Fleuret les faits impossibles et, par conséquent, non véridiques. Pour être vrais il faudrait qu'ils fussent miraculeux et nous ne croyons pas aux miracles.

Nous voulons parler du don des langues.

Quoiqu'étant une simple paysanne qui n'a jamais reçu la moindre instruction, sœur Saint-Fleuret, écrit-on, parle très bien dans ses crises, le grec, l'italien, le russe, l'anglais, l'allemand et elle répond toujours parfaitement dans la langue qu'on lui parle. Il paraît même, *mirabile auditu!* que Mgr Savignac, lui demandant en *langue caraïbe* si elle était fatiguée, elle lui a répondu en langùe caraïbe : « Je le suis en effet, laissez-moi tranquille et allez vous coucher. »

Je suppose que les canards parlent aussi le caraïbe, c'est pourquoi on ne les comprend pas toujours.

Ce qui est vrai, c'est qu'assez souvent les folles hystériques se composent un charabia incompréhensible qu'elles débitent en réponse aux questions qu'on leur fait — L'auditeur français dit : « elle parle allemand » et l'Allemand dit « elle parle espagnol ». — Aucun ne comprend son langage et l'attribue à une langue étrangère, autre que la sienne.

On connaît la curieuse nouvelle d'Edgard Poë : un énorme orang-outang avait pénétré dans une maison de Paris habitée par deux femmes, et avait emporté l'une d'elles à travers la cheminée de l'appartement.

Les voisins accourus aux cris poussés par les victimes, avaient entendu les exclamations furieuses de l'horrible bête, qui, finalement, sans être vue, avait disparu à travers les toits.

Devant le juge, un des témoins déclarait qu'il n'avait pas compris les mots prononcés par l'assassin, mais qu'il était persuadé que le coupable parlait anglais. Interpellé pour dire s'il connaissait cette langue, il avoua qu'il ne la connaissait nullement. Un Anglais, locataire dans la maison, affirma que certainement l'assassin n'était pas Anglais, mais ayant navigué sur un bateau des pays-Bas, il avait cru reconnaître des mots Hollandais dans ceux poussés par l'homme caché dans la cheminée ; or, il se trouva précisément qu'un matelot de cette nation, attiré par les cris, était monté dans l'appartement, mais bien loin de reconnaître sa langue, il avait cru entendre du russe, langue qu'il ne connaissait pas, du reste.

Il est problable qu'il s'est passé quelque chose d'analogue en ce qui regarde sœur

Saint-Fleuret qui, ne sachant, à ce qu'on assure, ni l'Anglais, ni l'Allemand, ni l'Espagnol, ni l'Italien, ni même le caraïbe, ne peut ni comprendre, ni parler ces diverses langues.

XI

J'avais promis à mes lecteurs, après avoir fait l'analyse de la maladie de la religieuse de Grèzes, d'entreprendre la synthèse de cette affection en la reconstituant de toutes pièces sur un sujet que nous aurions hypnotisé et auquel nous aurions donné un à un les différents états reconnus et décrits chez sœur Saint-Fleuret. La suggestion, cette arme bienfaisante qui guérit les blessures que des imprudents lui font faire, nous aurait servi à fabriquer un Possédé

artificiel identique à la possédée de l'Aveyron, les deux auraient fait la paire.

Mais j'ai crains de me répéter en faisant
lire à mes lecteurs les mêmes faits dans un
ordre inverse, comme si je leur offrais un
de ces livres arabes dont le commencement
se trouve au dernier feuillet et la fin au
premier. — Ceux qui m'auront suivi dans
cette étude pourront en esprit faire ce
travail de reconstitution, en se servant des
données précédentes.

Comme conclusion, je dirai ce que devrait
être le traitement de la malheureuse sœur
de Grèzes : chaque jour une petite piqûre
d'incrédulité, avec ou sans la seringue de
Pravaz, et une forte infusion de doute à
prendre chaque soir, seraient les meilleurs
moyens de la guérir.

XII

Trois mois après l'apparition de cette étude dans la Revue, les journaux racontèrent que sœur Saint-Fleuret était guérie ; le diable l'avait quittée. On avait trouvé, quelque part en France, un saint qui avait la spécialité de chasser les Démons et on y avait conduit la sœur. Cette guérison est la confirmation de la théorie que je viens d'exposer. La sœur a été persuadée que le saint, (je regrette de ne pas le connaître), était plus fort que le Diable et capable de le chasser. Cette idée suggestive mise dans son cerveau était dans *l'ordre logique* ; elle a suffit pour faire partir le Démon, lorsque la sœur s'est trouvée dans la chapelle de ce thérapeute céleste.

Les journaux n'ont pas dit ce que le Diable Saint-Fleuret était devenu. Comme il est sans domicile actuellement, avis aux lecteurs de fermer leur porte.

ALGER. — IMPRIMERIE S. LÉON, 15, RUE DE TANGER